贵州省出版发展专项资金资助

贵州世居民族文化书系

宋健 主编

长鼓舞盘王

CHANGGU WU PANWANG

黄智慧 郭黄婷 黄 海 著

贵州出版集团
贵州民族出版社

图书在版编目（CIP）数据

长鼓舞盘王：瑶族／黄智慧，郭黄婷，黄海著．--
贵阳：贵州民族出版社，2014.6（2020.7 重印）
（贵州世居民族文化书系／宋健主编）
ISBN 978-7-5412-2116-3

Ⅰ．①长… Ⅱ．①黄… ②郭… ③黄… Ⅲ．①瑶族－
民族文化－贵州省 Ⅳ．① K285.1

中国版本图书馆 CIP 数据核字（2014）第 066224 号

贵州世居民族文化书系

长鼓舞盘王·瑶族

宋 健 主编 黄智慧 郭黄婷 黄 海 著

出版发行　贵州民族出版社
社址邮编　贵阳市观山湖区会展东路贵州出版集团大楼　　550081
印　　刷　山东龙岳文化传媒有限公司
开　　本　787mm×1092mm　　　1/16
字　　数　150 千字
印　　张　9.5
版　　次　2014 年 6 月第 1 版
印　　次　2020 年 7 月第 2 次
书　　号　ISBN 978-7-5412-2116-3
定　　价　31.00 元

贵州瑶族分布示意图

聚居　散居

多彩高原的民族共存

——《贵州世居民族文化书系》总序

　　多彩的贵州，神奇的高原。对于初次来到祖国大西南贵州省的人来说，触动心灵的不仅是苍山如海、溪河清澈、森林碧绿、峡谷幽深，更有那不同民族同胞悠扬的山歌和异彩的服饰。在这个有17.6万平方公里面积和600年建省历史的省份，数不尽的青山翠谷中生活着18个世居民族，他们从哪里来？世世代代如何与周围环境共处？以怎样的生活方式和民族风情为世界增光添彩？让读者朋友在轻松的阅读中了解这一切，就是我们出版这套《贵州世居民族文化书系》的目的。

　　贵州是一个多民族的省份，少数民族人口约占全省总人口的38%，全国56个民族成分贵州都有分布，而称得上"世居民族"的则有汉族、苗族、布依族、侗族、土家族、彝族、仡佬族、水族、回族、白族、瑶族、壮族、畲族、毛南族、仫佬族、满族、蒙古族、羌族等18个兄弟民族。从历史和民族源流看，除来自北方的回族、蒙古族、满族外，汉族属古代的华夏族系，其他各族分属古代的氐羌、苗瑶、百越、百濮四大族系。从地理位置看，贵州位于云贵高原东部，处于四川盆地和广西、湖南丘陵之间，是由高原向平原和丘陵过渡的地带。这种特殊的地理位置，使贵州历史上成为南方四大族系的交汇之地，成为民族迁徙的大走廊。在漫长的历史长河中，不同民族的融合，不同文化的相互影响，以及战争带来的多次大规模移民的进入，形成今天贵州多民族共存共荣的社会。

民族文化，指各民族在历史发展中创造的带有民族特点的文化，包含物质和精神两个方面。存在决定意识，由于贵州地处生态环境较为脆弱的喀斯特地貌带，各族群众敬畏自然，珍惜上天赋予的生活资源，注重生产方式与自然生态的和谐平衡，有着享誉世界的农业文化遗产"稻鱼鸭系统"，与草木"认干亲"的林业等生产方式和生活形态，无不彰显人与自然的和谐共处。

贵州历史上"连峰际天兮飞鸟不通"（王阳明《瘗旅文》）的交通困局，形成了十里不同风，百里不同俗的"文化千岛"，民族风情古朴浓郁，多姿多彩，如苗族的姊妹节、芦笙舞，布依族的八音坐唱，侗族的行歌坐月、侗族大歌，彝族的火把节，土家族的摆手舞等。而600多年前明王朝对贵州的大规模开发，江南的百万汉族移民以屯军、屯民的方式来到贵州，形成数百年的屯堡文化，至今成为明代文化遗存的奇迹。可以说，正是青山绿水与多民族的和谐共存构成了今天多彩的贵州。

我们这套书以大专家写小丛书为特点，以轻松阅读获取知识为目标，以直观图像结合想象力发挥为手段，采取宏观叙述与田野案例穿插叙事的方法，力图写成民族历史文化的故事书，内容虽然通俗易懂，生动有趣，但都是以坚实的学术研究为基础的，能够让读者在愉快的阅读和浏览中获取正确的知识。

"黔山秀水，神秘夜郎；多彩民族，千岛文化。"这是书系力图展示的贵州形象。愿书系成为我们大家了解贵州、欣赏贵州、热爱贵州的一个窗口。

《贵州世居民族文化书系》编委会

目 录
Contents

引言

　　泱泱华夏，历史长河数千年，各民族璀璨的光辉闪耀其中，有一个承载千年历史沧桑的民族，她从远古走来，世代以山水为邻，以天地为家，熠彩多姿的绚烂里，可有人知她锋芒内敛？

　　亘古未熄的精神火种自天地孕育而生，谱写出一曲传奇的颂诗。犹如一位隐居千年的隐士，将历史磨难深埋心底，历尽迁徙与漂泊，从北到南，从东到西，散了又聚，聚了又散，年复一年，代复一代，连绵不绝，英勇顽强，经久不灭，承载着艰辛与磨难，苦苦追寻理想信念的精神家园。

　　她，便是瑶族，一个美丽多姿的民族，一个生活在黔山秀水中，与贵州其他十七个世居民族共同拓荒繁衍生生不息的民族。

GUOLEYISHAN
过了一山
YOUYISHAN
又一山

● 岭南无山不有瑶 ●

　　瑶族,一个历史悠久,勤劳智慧的民族。瑶族自称"尤",据传与苗族同为蚩尤后人,《山海经》记载,黄帝与蚩尤战于涿鹿之野,蚩尤联军大败,不得已向冀州逃散。在冀州中部,蚩尤氏最高首领被械杀,身首异处,其部下抢得被肢解的遗体,秘密归葬。后来,战败的部落族群渡黄河南逃,至长江中下游的广袤山区丘陵地带繁衍生息。

　　东汉时期(25—220年),"盘瓠蛮"记载已频见于史册,称"荆州蛮""武陵蛮""五溪蛮""长沙蛮""零陵蛮"等,瑶族先民已广布于华中洞庭湖周围的广大山间峡谷。汉王朝已在长沙国和长沙郡等地设置连道,治理"蛮夷"。

《梁书·张缵传》载："大同九年（543 年），张缵为使，持节督湘、桂、东宁三州诸事，湘州刺史。州界零陵、衡阳等郡，有莫徭蛮者，依山险而居，历政不宾服，因此向化。"

《后汉书·南蛮列传》载："盘瓠子孙，其后滋蔓，号曰：蛮夷，今长沙、武陵蛮是也。"

晋·干宝《晋纪》载："武陵、长沙、庐江郡夷，盘瓠之后也。"

《魏书·蛮传》载："蛮之种类，盖盘瓠之后。其来自久。习俗叛服，前史具之。在江淮之间，依托险阻，部落滋蔓，布于数州。东连寿春，西通上洛，北接汝、颖，往往有焉。其于魏氏之时，不甚为患，至晋之末，稍以繁昌，渐为寇暴矣。自刘、石乱后，诸蛮忌惮，渐得北迁，陆浑以南，满于山谷，宛洛萧条，略为丘墟矣。"

《隋书·地理志》载："长沙郡又有夷蜒，名曰'莫徭'。自云其先祖有功，尝免徭役，故以为名。其男子着白布衫，更无巾裤，女子青布衫，斑布裙，皆无鞋履。婚姻用铁钴、锛为聘财。武陵、巴陵、零陵、桂阳、澧阳、衡山、熙平皆同焉。"

唐宰相李吉甫在《元和郡县图志》中记："谭州，春秋时为黔中地，楚之南境……自汉至晋并属荆州。怀帝分荆湘中诸郡置湘州，南以五岭为界，北以洞庭为界。汉、晋以来，亦为重镇。今按其俗，杂有夷人，名徭。自言其

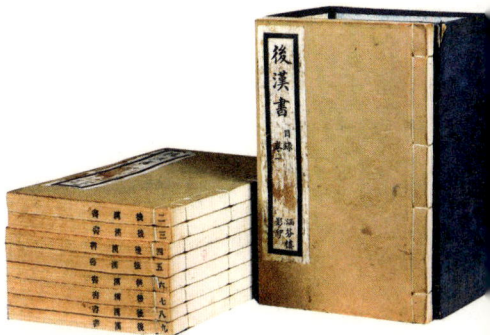

《后汉书》

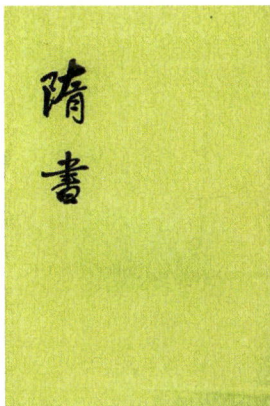

《隋书》

瑶寨干栏式吊脚楼

先祖有功，免徭役也。"

　　唐代诗人刘禹锡曾两次被贬谪到连州任职，到任后，他摒弃偏见，体恤民情，尊重瑶族风俗，深入瑶族民间采风，认真观察记载瑶族先民的生产、生活和祭祀等活动，为后人留下了弥足珍贵的研究资料。

　　瑶族从强盛到"式微之极"，内中的深重苦难、血泪辛酸，只有瑶族自己最知晓。

　　费孝通教授曾指出，瑶族历史上曾经是一个很大的民族，后来在具体的历史条件下，打散了，在山里流动，进行游耕经济，依靠险要与外界阻断以自存，结果是闭塞和落后。

　　瑶族民歌《山过山》，道出了逃亡迁徙的无限苦楚辛酸：

> 山过山，
> 一山更比一山难，
> 铜条拐杖也撑断，
> 铁线草鞋也磨穿。

　　瑶族古籍《过山榜》中载：

> 盘瑶住处无篱壁，风吹雨湿床前席。
> 妻儿男女哭连连，雨水湿床无处眠。
> 三更半夜五更报，凄凄楚楚被风吹。
> 风吹骤雨满山缠，吹掉茅寮总见天。
> 主人忧虑无投托，烧香祝报我祖先。

　　由于长期的战乱和民族压迫，致使瑶族"入山唯恐不深、入林唯恐不密"，造成了其生产力低下，生活极端贫困。

　　中华人民共和国成立后，中国共产党和人民政府采取了许多特殊措施，进行了许多艰苦细致、卓有成效的工作，使瑶胞冲出了困境，飞越了奴隶社会、封建社会、资本主义社会等社会形态，大步跨进了社会主义社会。

瑶族概况

　　中国瑶族共260多万人，分布在广西、湖南、广东、云南、贵州、海南、江西等7省（自治区）。其中，贵州有近5万人，主要分布于湘、桂、黔边界的武陵山、雷公山和九万大山间。武陵山是瑶族祖居地，古称"武陵蛮"。现碧江、石阡、黎平、从江、榕江、剑河、雷山、丹寨、麻江、三都、荔波、罗甸、望谟、紫云、贞丰等县（区）都有瑶族居住。其中，有荔波瑶山瑶族乡、瑶麓瑶族乡、榕江塔石瑶族水族乡、黎平雷洞瑶族水族乡、顺化瑶族乡、从江翠里瑶族壮族乡、望谟油迈瑶族乡等7个瑶族乡。

　　贵州瑶语，属汉藏语系苗瑶语族，分苗语支和瑶语支。苗语支包括荔波瑶山土语、瑶麓土语、浅兰瑶埃土语等；瑶语支包括榕江塔石瑶语、黎平滚董平茶瑶语、望谟油迈土语、麻山龙山河坝瑶语等。

● 八十二峒瑶民明籍今何在 ●

《明史·广西土司传》记载："永乐二年，荔波县民覃金保上言：县自洪武至今，人民安业，唯八十二峒瑶民未隶编籍。今闻朝廷加恩抚绥，咸愿为民，无由自达，乞遣使招抚。乃命右军都督府移文都督韩观，遣人抚谕，其愿为民者，量给赐赉，复其徭役三年。"

永乐二年，即1404年，其时的"峒"，是县以下相当于"乡"的一级组织，可以想见，八十二峒，其规模之大，其地域之广。

这么多的瑶人现在都到何处去了呢？原来，这里流传着许多催人泪下的传说。

"射树神"传说

以前，秀丽的樟江河畔，有一块富饶的坝子，樟江像一条蓝色的绸带，绕着坝子缓缓地流淌。坝子上散布着一座座美丽的瑶寨，每座瑶寨，四面都山清水秀，土地肥沃。勇敢勤劳的瑶族祖先，用自己的双手，把这里的荒野开成了良田，创建了

瑶乡地名

荔波县内，仍广泛遗存着大量的带瑶、尧、洞的地名。瑶麓瑶族乡有瑶麓、洞干、洞闷、洞八、洞香；瑶山瑶族乡有瑶山、瑶沙，茂兰镇有尧朝、瑶埃、洞开；佳荣乡有瑶几；洞塘乡有洞壶；翁昂乡有洞长。

山有多高，瑶寨就有多高

幸福的家园。

那时，有个叫依雍的大财主，勾结官府，倚仗权势，到处搜刮民财，强占田地，他对瑶寨一坡坡、一坝坝肥田沃土早已垂涎三尺，存心想占为己有。

诡计多端的依雍，知道瑶民有信树神的特点，便设下一条"射树神"的毒计。有一天，他亲自出马，到瑶寨来找瑶族头人交涉，企图哄骗瑶民上钩。

依雍进了瑶寨栅门，把瑶族头人喊来，对瑶族头人和瑶民们说："树神传话说，你们瑶寨的这些田地，都是我家的宝地，应该归还原主。现在，限你们三天时间搬出这块地方。"

瑶族头人气愤地说："这是我们祖先双手开辟出来的地方，我们祖祖辈辈都在这里种田种地，养育儿女，为哪样说是你家的土地呢？"

依雍摇着肥头，斜着两只豌豆眼说："这是树神传的话，不信，我们就去射树神，请树神讲。如果说这块地方是你们的，我就无话可说，你们就永远在这块地方住下去；如果树神说这块地方是我家的宝地，你们就得在三天内搬走！"

层楼叠榭

　　瑶族头人说："那好吧，我们马上就去射树神，请树神讲话。"

　　依雍说："今天时间不早了，等明天麻麻亮，你们赶到树神山来，我们一起射树神。"说完，就带着爪牙们去了。

　　依雍回家后，拿酒肉给家奴打手们饱吃了一顿，等鸡叫三遍，他便带领几十个家奴打手，先来到树神山。山上有一棵被瑶民称为树神的大枫树，这棵树早被依雍派人悄悄打了一个洞，恰好能装进一个人。依雍挑了一个忠实的家奴钻到树洞里隐藏起来，他吩咐这个家奴说："等瑶族头人来射树神时，你就如此这般说话，不得有误。"

　　天刚麻麻亮，瑶族头人就手拿弓箭，带领瑶民们按时赶到了树神山。瑶族头人问依雍："我们人已到齐，你们先射还是我们先射？"

　　依雍说："谁先射都可以。一方只准射三箭，射完三箭后，树神怎么说就怎么办。"

　　瑶族头人说："我们先射。"

　　依雍说："好吧，你们先射。"

　　瑶族头人走到离大枫树一百步远的地方，张弓搭箭朝着树神连射三箭，喃喃地祈祷说："树神啊，瑶寨是我们瑶族祖先开出来的地方，依雍硬说是他家的宝地，现在请你开口讲话，这些地方这些田地是不是我们的？"

瑶寨与山道

　　过了好一阵，大枫树才传出微弱的声音："这里的田地虽然是你们祖先开出来的，但不是你们的地方，你们应该搬到大山中去住。"

　　瑶族头人和旁边等着树神回话的瑶民们一听，都难过得低下了头，眼里的泪水，簌簌地顺着脸淌了下来。

　　依雍得意洋洋地拿起弓箭，走到射箭地点说："现在该我射了。"

　　瑶民们睁开泪眼，望着依雍射完三支箭。顿时，大枫树那边就传出话来："瑶寨的田地，全部是你依雍家的宝地，应该归还你家。"

　　依雍过来对瑶族头人说："你们都听到了吧，树神的话已讲清楚了。这里的田地全部是我家的，限你们三天内搬出这个地方。否则，休怪我手下无情！"

　　过了三天，凶狠的恶霸依雍果然喊官府派来官兵，烧毁了瑶民的房屋，霸占了瑶民的田地，把瑶民撵到深山野谷里。

　　瑶民被赶到深山野谷以后，生活十分凄凉、困苦。他们在高山上搭起狭小的草棚，在荒山、岩缝里一点点地开出小块小块的土地，重新建立起自己的家园，并把这里起名叫"瑶山"。

"射岩箭"传说

　　"青瑶"人在时来、尧排定居后，开山辟石，挖沟修塘，垒土造田，

冰川遗物——荔波桫椤

栽桑养蚕，创建了幸福的家园，过着安乐的生活。

城里有个大财主，名叫侬宝温。他一贯横行霸道，到处敲诈勒索，人们恨他入骨，都叫他侬泡瘟。一年秋天，侬宝温坐着八抬大轿，带领一群打手下乡催租讨债。他路过时来、尧排时，见满田满坝长满金灿灿的谷子，满山满坡长满黄生生的苞谷、白绒绒的棉花，不觉大吃一惊，心想："几年前，这里还是一片荒山野坝，为何现在变得这样富庶美丽？真是一块宝地，我定要设法把这块宝地夺到手。"

侬宝温回到家后，一心想夺取时来、尧排宝地，他每天坐不安，吃不香，睡不稳。一天晚上，他喊师爷来商量。师爷眨了眨花椒眼，捋了捋山羊胡子，不慌不忙地说："大爷不用烦恼，要夺时来、尧排宝地，我自有妙法。"

侬宝温急忙问道："你有何妙法，快快讲来。"

师爷说："大爷不知，'青瑶'人憨厚老实，最讲信义。你找到他们的头人，跟他们赌射岩、赌吃狗屎，赢了他们，宝地就是你的了。"

侬宝温不知道赌射岩和吃狗屎的诀窍，忙问师爷："怎么跟'青瑶'头人赌呢？"

师爷附耳告诉了侬宝温诈骗"青瑶"头人的方法。侬宝温非常高兴，笑得嘴巴扯齐耳根。

过了几天，侬宝温带着家丁打手，骑起高头大马，趁太阳还没落坡时，赶到时来、尧排，对"青瑶"头人朵扛、朵印说："时来、尧排原是我家的祖业地，如今我要继承祖业，收回这两处地方，请你们带领'青瑶'人搬到别处去住吧！"

朵印听了，心中怒火燃烧，睁圆两眼说："时来、尧排是我们双手开出来的，你不要做梦！"

朵扛气得脸通红，说："你说时来、尧排是你家祖业地，有什么凭据？"

侬宝温说："有河边白岩为证。不信，我和你们都用箭射白岩，比一比，便知分晓。"

朵扛、朵印感到十分惊奇，一齐问道："怎样射法？"

侬宝温说："我和你们朝白岩比射十箭，如果你们射出的十箭都粘在岩壁上，时来、尧排就算是你们的地方；如果你们射的箭落下岩，我射的十箭都粘在岩壁上，时来、尧排就是我的祖业地，你们就把时来、尧排交还我。"

朵扛、朵印商量了一会，认定时来、尧排是"青瑶"人开垦出来的，应归"青瑶"人所有，箭必定会粘在岩壁上，于是答应跟侬宝温比射箭。朵扛、朵印和侬宝温议定，八月初十辰时，双方在岩坡脚比射箭。

朵扛、朵印回到寨子，召拢"青瑶"人开会，选出十支锋利的金箭，准备与侬宝温比一比真功夫。侬宝温转回家后，照师爷传授的法子，派人上山挖来几箩茅胶，烧火熬酽后，染成黑色，裹在十支箭头上。

八月初十那天，朵扛背起铁弓和金箭，叫朵印带领全部"青瑶"后生，快步赶到白岩坡脚。这时太阳刚从山顶冒出来，侬宝温和师爷也带着一群家丁打手赶到。双方各站一边，朵印和师爷商议，画出了比射点。

时辰已到，朵扛问："谁先射箭？"

侬宝温说："你们先射吧！"

朵扛摘下弓，三步跨到比射点。他深深吸了一口气，两眼盯着白岩，搭上箭，拉满弓，只听"嗖嗖嗖"，一支支金箭脱弦而去，发出耀眼的金光，箭箭射中岩心。金箭射着岩心后，响起"当当当"的声音，都没有粘着岩壁，纷纷落到地上。朵扛、朵印和后生们都感到惊讶和失望。

侬宝温得意忘形地走到比射点，举起弓，搭上裹有稠胶的黑箭，只听"嗤嗤嗤"十支黑箭全粘在岩壁上。师爷和家丁打手们一齐欢跳着哄叫起来，侬宝温笑歪了嘴，对朵扛、朵印说："我射的箭，箭箭粘岩，你们该相信时来、尧排是我家的地方了吧，快归还我！"

朵扛、朵印想不通，怀疑侬宝温射前祭过山神，黑箭有鬼，要求另比一个项目。侬宝温与师爷交头接耳谈了一会，然后装出笑脸，走过去对朵扛、朵印说："这回你们输了，本应把时来、尧排交给我，但为了使你们心服口服，我愿意再跟你们比一个项目。"

朵印问："这回比哪样？"

侬宝温说："比吃狗屎。明天早上太阳出来，双方各抬一挑狗屎到这里。"

朵扛、朵印同大伙回到寨子，分头到田坎上拣了一挑狗屎，放在牛圈边。侬宝温回到家里，派家丁舂好一箩小米，一箩甜荞，一箩稗子，煮熟拌匀，捏成一节节粑粑，跟狗屎一模一样。

第二天早晨，双方各带着自己的人来到白岩坡脚。朵扛、朵印抬出一挑真狗屎，放在草坪中间。侬宝温吩咐家丁抬出一挑假狗屎，紧靠真狗屎放着。侬宝温问朵扛、朵印："谁先吃狗屎？"

朵扛答道："昨天我们先射，今天你们先吃。"

侬宝温走到草坪中间，拿起一节假狗屎放进嘴里，"吧嗒吧嗒"吃起来。接着，他把自己的人全部喊来，一人拿一节假狗屎吃。不一会就把一挑假狗屎吃光了。侬宝温对朵扛、朵印说："我们已经吃完，现在轮到你们吃了！"

朵扛、朵印带着"青瑶"人走进草坪，闻到一阵狗屎的臭腥气，一个个感到恶心。朵扛、朵印同大伙商量，宁愿把时来、尧排交给侬宝温，也不愿吃狗屎。于是，侬宝温便把"青瑶"人用血汗开垦出来的时来、尧排霸占了。朵扛、朵印只好带领"青瑶"人搬到深山老林。他们日夜开山辟岩，挖土造田，不知熬过多少艰难的岁月，流淌了多少辛勤的汗水，才又重建了瑶麓家园。

毕杳寨的传说

在瑶麓，早先有一个毕杳寨，可现在消失了。说来还有一段辛酸

有水则灵

的故事呢！

　　清朝同治年间，毕杏寨还是一个六畜兴旺、殷实富裕的瑶寨。寨子坐落在一座独秀峰顶上，有百十级栈道；寨脚是片水源好、阳光足、土壤肥的坝子田，后山还有大棵大棵的名贵木材，古柏苍松。寨中有口神井，大旱不干，暴雨不浑，井里鱼多得很。传说寨上不管谁家来了贵客，可以先把火引燃，架上锅头，才去捞鱼，等鱼捞回来了，水还没有烧开呢！

　　可是后来，寨子对面的拉歹村，新迁来了财主蒙老抠，大家背地里都叫他蒙老狗。他为人奸诈，心狠手毒，看到毕杏寨瑶家人寿年丰，逍遥快活，嫉妒得就像眼睛里钉了钉子，他做梦都想霸占瑶家的这片田土山林和那口神井。蒙老狗约了一帮流氓地痞，天天酒肉相待。一天夜里，蒙老狗喊这帮人砍来吊竹，凿通竹节，塞满黄泥巴，又编了几双一尺多长的糯米草鞋，还舀了桶大粪水，鬼鬼祟祟地溜进毕杏寨，把大草鞋甩在神井边，把吊竹筒剖开，把黄泥巴坨坨摆在路上，又淋上了大粪水。

　　第二天清晨，瑶家妇女早起抬水，一眼就看到了几双大草鞋，又

瑶乡古寨

看见几泡大筒大筒的人屎屙在路中间，臭气熏天，吓得连桶都不要，转头就跑，边跑边喊救命。这喊声惊动了全寨的男女老幼，大家一看，可不得了，都说是恶神显现，要吃人了。

于是，寨老果玉请来了巫师神汉，焚香化纸，封家扫寨。寨门上插满了芭茅草标、五倍子树做的木刀，寨内到处都牵拉着草绳，家家门口撒满了一层又一层的火坑灰。整整七天，家门不开，寨门不启，全寨鸡不鸣、狗不吠、牛不叫、人不闹。

可是，瑶寨并未由此消灾化难，相反，瑶胞放进山里的黄牛、水牛，只有去的，没有回来的；人们上坡下田，不是落陷阱，就是中毒箭。好端端的一个兴旺欢乐、生机盎然的瑶寨一时间人心惶惶、鸡犬不宁。即便如此，蒙老狗还不解恨。到了秋收时节，蒙老狗干脆赤膊上阵，公开出面，威胁瑶家再也不准种这里的田，不准再砍山上的柴。瑶胞们收苞谷、摘糯米，他指使人去抢，瑶胞收这头，他就抢另一头，还威胁说："如果你们敢再犟，我要把你们杀个鸡犬不留。"

原来，蒙老狗已经勾结了官府。本来，光是一个蒙老狗，倒也不怕他，现在加上了官府，问题严重了。这时，有人主张："豁出去了，跟他们拼了！"但多数人认为不妥。最后，还是果玉说："我看三十六计，走为上计。留得青山在，不怕没柴烧啊！"

于是，全寨人连夜进行一场紧张秘密的大迁徙。他们先杀鸡敬神，挥泪封了神井。然后各家把能背走的东西背走，不能背的就找地方埋起来。撤离时，为了防止被人发现，招惹麻烦，决定不走大路，而从寨后面的悬崖下去，用白布接成绳子，把全寨人一个一个地往下吊。还安排最后撤离的人，把鸡捉来，捆住双脚，放在簸箕上，再点亮灯，撒满米，让鸡啄吃。用鸡在簸箕内啄米发出的"劈嘭劈嘭"的响声来麻痹敌人，掩护大家撤退。

这样，全寨老小，连夜快走。不料，在天快亮时，一块石头碰响了铜鼓，铜鼓"哐"的一声巨响，把大家都吓呆了，停下来一看，原来已经逃到了水昔坳，一算，已经走了几十里路。大家估计如果有人追来的话，也追不上了，这才放心，就地休息吃饭，然后又朝九阡、都江方向逃去。后来，水昔坳旁的石头，人们叫它"响鼓石"。

毕杏寨全寨人逃走的那天晚上，恰好有两兄弟到洞闷瑶寨游方玩表去了，因为大家走得急，来不及通知他们一道转移。等天亮后这兄弟俩回瑶寨一看，一个人都没有了，兄弟俩弄不清这些人到哪里去了，走的是哪条路，因此也就无法追赶。后来，这兄弟俩只好搬到洞闷瑶寨暂住，住了一段时间后，洞闷寨寨老担心被人发觉，又动员他们搬到瑶麓大寨，这样，瑶麓大寨也就多了一个外姓家族。

据传说，毕杏寨瑶胞逃过九阡，到了都江之后，就在巫不、瑶排一带定居下来。而现在的瑶麓，仍残存着毕杏寨的废墟和祖先葬洞的遗址，在向后人诉说着这一段痛苦的历史。

珠瑶奇冤

在南方，民间广泛流传着这样一句民谣："先有瑶人，后有朝廷""先瑶后朝""换朝不换瑶"。在瑶族古籍《过山榜》中特别记载："洪武登基，瑶人退朝，永远相传！"

这到底是为什么呢？原来历史上还铭刻着这样一段鲜为人知的瑶族千古奇冤！

一支自称"育棉"的瑶族，古称"珠瑶"，皆因珠瑶妇女穿条花领衣，绣红白蓝多彩围裙，串细珠相连长带，故称珠瑶。

《过山榜》记载：准普天之下，不忌山坡，隔田露水不到处，永远准许瑶人耕管，营生活命。瑶人依律行为，男女修行谨慎，耕耘苦

交"关税"

读善行，求永世安宁，代代风光。

然而到洪武帝朱元璋当政时，他却认为珠瑶的"珠"字"王"旁冲他，他对此气愤不平，发誓要剿灭珠瑶一族，方解他心头大恨！

一时间腥风血雨、积尸盈野、血流成河。惨绝人寰的血腥屠杀和灭瑶政策，造成了瑶族空前绝后的大灾难。

传说当时侥幸逃难到达广东道的盘有救、赵有救、李有救三人，于途相遇，他们相互叙述苦难历程，感慨世事悲哀。三人仔细分析被害原因，最后认定是珠瑶的"珠"字与朱元璋的"朱"字相克，于是决议将珠瑶之"珠"字去掉，改成"板"字，从此"珠瑶"更改为"板瑶"，这样一改之后，朱元璋及其子孙也就无法再追究了，瑶族人民也才就此了难。后来，板瑶一族又由广东道韶州府乐昌县先后分别迁入广西、云南、贵州各县佃耕营生，族称后来又发展为"盘瑶"，表示永远纪念盘古圣皇。

瑶山梯田

SHEHUIQINGPING

社会清平

CHENGGUXUN

承古训

在瑶乡，"路不拾遗、夜不闭户"，民风古淳，社会清平。千百年来，一直为世人津津乐道。

● 石牌大过天 ●

刊刻在石碑上的规矩、政策、准则，就是"石牌律"，瑶语称之为"阿常"，意为"石头规律""石头准则"，表示"准则"如同石头一样坚硬，不能轻易改变。在瑶麓，石牌是社会的最高律令，所有瑶民必须无条件服从，在情感、思想和行动上不能有丝毫违抗，因而具有至高无上的神圣权力，即所谓"石牌大过天"。

在荔波县瑶麓瑶族乡，有一尊尊或高或矮、或方或扁的石碑。经历若干年的风化，石碑上的字有的已依稀难认，有的却清晰可辨。瑶族同胞把这些石碑看成圣物，为之骄傲和自豪。

传说开天辟地的时候，瑶家有两位仙人——果略铎和果阿常两兄弟（即略铎公、阿常公，传说中的瑶族始祖），他俩心地善良，怜悯百姓，一次又一次地拯救了苦难的瑶家人。哥哥果略铎曾机智地将雷神爷要报复人类的消息，暗示给瑶家兄妹俩，使他们免遭灾难，人间香火才没有断绝。弟弟果阿常凭着无比的勇敢和过人的力气，为人类撑高了天，击落了那喷射毒焰的十五个太阳，使人间变得草木葱茏，山清水秀，气候宜人，人类才能繁衍生息。因此，瑶家世世代代尊奉他俩为"始祖神""救世神"。

可是，果阿常却因此得罪了天神，受到天规的惩罚，被五雷轰得遍体鳞伤发落下界，永世不准再回天庭。

果阿常被发落到人间以后，得到瑶家姑娘娲埃的日夜护理，身体渐渐康复。果阿常十分喜欢美丽、勤劳的娲埃。娲埃也非常敬重勇敢的果阿常。他俩相爱了，最后结成了终身伴侣。

果阿常与娲埃婚后不久，生了个胖儿子，取名叫"奔"。这孩子自幼体格健壮，气力过人，聪明活泼，深受父母的喜爱。大家都期望奔也像他父亲那样神通广大，将来能为天下造福。可是，望子成龙，子却成了水婆虫。随着年龄的增长，奔的性格变得怪僻起来。他常常深更半夜扛着几千上万斤重的大石头，乱甩在行人过往的路上或别人的庄稼地里，有时甚至用石头堵住别家的大门。有一次，他竟趁人们熟睡之后，偷偷地搬来很多石块堆在瑶埃对门的消水洞旁，又到甲介山上扛来一些有榫头的大石条，到瑶埃

石牌律

坳扛来一些有卯眼的石墩，企图把茂兰坝子围成大海。从小就怜贫惜弱的娲埃，见自己的儿子在干危害乡邻的坏事，难过得心如刀绞。她深知儿子骄横放荡、粗暴野蛮，是不会听从劝阻的。怎么办呢？娲埃万分焦急，饭也吃不下，觉也睡不着。

　　这天晚上，娲埃正躺在床上想制止奔堵塞消水洞的办法时，奔回来了。他一进门，就大声地对娲埃说："妈！今晚鸡叫三遍时，你一定要叫醒我啊！我要赶去办一件大事！"娲埃问儿子："奔儿，你要办什么大事？天亮再办不行吗？"奔诡秘地说："是件很急很重要的事情！"娲埃紧接着说："既然是重要的事情，又那么急，你就现在去做吧！"奔已经很不耐烦了，他粗声粗气地说："你不懂！我的事不到吉时良辰是做不成的！我只要你到时候叫醒我就是了！"娲埃对儿子要做什么事，早已猜了八九成。她佯装答应了奔。可是，她躺在床上，再不能入睡。她想到茂兰坝子上那么多村寨、良田，那么多瑶族同胞的生命财产，一夜之间就要被自己的孽儿毁灭，越想越害怕，越想越气愤。她咬紧嘴唇，打定了主意，哪怕一死也要阻止孽儿堵消水洞，决不能让他的阴谋得逞！不知在什么时候，她迷迷糊糊地睡着了。

　　却说奔一觉醒来，天已大亮。他见娲埃还睡得死死的，气得七窍生烟，狠命地跺脚，把石板都跺出了一个个深坑。他边跺边诅咒娲埃："你这老东西，真是个不懂事的蛮牛！"说来也怪，娲埃还来不及还嘴，就真的变成一头"欧妈欧妈"直叫唤的老母牛了。

风光旖旎
....

后来，果阿常知道了这件事，气得全身打抖，发誓要把奔杀掉，以绝瑶家后患。但是，瑶胞们却替奔向他苦苦求情。他们都说，奔是年幼无知，一时糊涂，慢慢教育，会变乖的。奔既惧怕父亲的威严，又为同胞的宽宏大量深深感动，当众承认了错误，表示一定痛改前非，重新做人。这倒叫果阿常左右为难起来——要杀掉这孽儿嘛，众同胞无一不在苦苦求情；不杀嘛，又怕以后他旧病复发，没人能降服得了他。果阿常思来想去，最后定下了主意，叫儿子对天发誓，免得他再反悔。果阿常请人从东方抬来一块方石，立在石坪上，又找来一把雷公斧子，将一头牯牛杀死，烧燃香火，然后命奔儿向天发誓。只见百般悔悟的奔面朝东方，双膝跪在那块圣石上，对着天公发誓："我保证永远记住祖辈的训示，今后时时热爱同胞，处处为同胞着想，尊敬老人，爱护弟兄姊妹，勤恳劳动，扶助贫困，与同胞共同安居乐业！如有反悔，愿遭雷公轰顶，愿挨同胞唾骂！"

在奔对天发誓之后，果阿常又请众瑶胞一道也立了誓约。宣誓结束，果阿常一边用雷公斧敲击那块方石，一边说："这就叫椎牛立峒，起碑盟誓。从今以后，我瑶家都要这么办。凡是遇到重大事情，大家要聚在石碑前充分商议，订下规矩，人人共同遵守，不许哪个违犯！"果阿常死后，奔果然恪守誓言，并将立石碑议事的方式传了下来。不知经历了多少年代，这种方式成了瑶家独有的石牌律。

因为石碑是果阿常创立的，所以瑶家称石碑为"阿常"，直译成汉语是"石头规矩"或"石头制度"，意思是瑶族祖宗所兴的规矩就像石头一样，坚硬得永世不可改变！起初的石碑，都是些无字天书，只有条条点点的石斧印痕，直到汉字传入瑶家之后，人们才把议定的榔约用汉字刻在石碑上，因此也有人称瑶家石碑为"议榔碑"。

石牌制度贯穿于瑶民生产生活的方方面面，它用强制性的手段按照社会惯例或大多数人的意愿，直接干预社会成员的行动，维护瑶族文化的发展。在历史上，石牌制度主要体现在以下几方面。

舆论褒奖与谴责。凡是模范地遵守石牌规律，为石牌规律的贯彻和发展作出贡献的，就会得到整个瑶族社会的承认、尊重，以至流传千古。

对严格遵循部落内婚，氏族外婚，不畏强暴，忠贞爱情的"妞"和"多"，人们就编成美丽动人的爱情故事，一代接一代地流传。反之，对于一些小偷小摸、赌博、奸商、好吃懒做、欺诈狡猾等不良行为则进行抨击、谴责，为社会所不齿。

罚"酉"。如有重婚、纳妾、强奸、虐待、遗弃妻儿或违反部落内婚、氏族外婚等不良行为的，石牌社会就要组织罚"酉"。罚酉，瑶语称之为"糯酉"，即吃酉。"酉"是地支中第十位的"酉"时（下午5～7时）。罚酉，就是有关家族到违规乱伦者家中，吃酒吃肉一天，从卯时（地支中第四位，即早上5～7）一直吃到下午酉时，吃一整天。而且规定：只吃肉、豆腐、米酒、糯米饭等，不吃白菜，凡参加者尽量饮食，准吃不准包。如果违规乱伦者家中承担不起"罚酉"费用，即由其家族集体承担，实行联坐联保。

立碑革除。对于违规乱伦情节严重、屡教不改、又公然抗拒者，石牌社会即组织全族大会，将其立碑革除，开除族籍。

处死。对无可挽救，又有可能造成更大危害者，则秘密处以极刑——杀死或丢山洞。

在瑶麓历史上，对于丢洞的，大多由本家族组织实施，将其秘密捕捉后，或五花大绑，或装进猪笼，丢入深不可测的"硝坑"。凡决定要丢洞的，还无人逃脱过，更无法进行"报复"。石牌制度之严密可见一斑。

石牌律

瑶麓瑶族石牌律，都是"经过氏族首领会议决定"，而后立石共守的。石牌律分为无文和有文两大类。无文的称"埋岩"。有文的石牌现存的有：

河界碑。河界碑立于清嘉庆十二年（1807年）三月十八日，碑为扁平薄石板块，高约70厘米，宽约30厘米，厚约14厘米。

婚规碑。婚规碑有两块，一为清同治二年（1863年）三月立

婚规碑

的石碑，一为民国三十八年（1949年）古历七月立的石碑。

清同治二年三月立的"永留后代"碑是改革"九牛婚姻"，废除"姑舅表婚"的见证。碑呈扁平型，通高91厘米，宽28厘米，厚20厘米，三面有文字，正面横批为"永留后代"，阴刻碑文，楷书，但因风蚀严重，全文已不可辨。

民国三十八年古历七月立的"永流后代"碑，碑呈方柱体，通高75厘米；上有顶凸，高7厘米；下有座榫，长7厘米，宽21厘米，厚19厘米；正面碑净高62厘米，宽27厘米，两侧厚为23厘米。

禁赌禁偷碑。此碑在新中国成立初期犹存，后丢失。

减免赋税记事碑。民国九年（1920年），瑶族头人上县求粮，县衙应允，减免粮税棉花，特立"永照世示"记事碑。

碑呈方柱体，通高65厘米；下有座榫，榫长8厘米，宽19厘米，厚14厘米；文字竖排6行，每行15格；碑两侧长57厘米，宽21厘米。

石牌组织

顾炎武《天下郡国利病书》104卷记载："莫瑶者，自荆南五溪而来，居岭海间，号曰山民。……随溪谷群处，斫山为业，有采捕而无赋役，自为生理，不属于官，亦不属于峒首。"

古往今来，瑶麓社会"不属于官""亦不属于峒首"，一直自己管理自己，以至民国时期，地方官府仍对其采取羁縻政策。

瑶麓社会的石牌组织，主要由"播冬"、"播冬及朵"和"官侯"三级组织而成。

"播冬"。在瑶麓社会中，首先需注意的是一种叫"播冬"的组织，直译为"父子"，即是由一个共同血缘祖先传袭繁衍下来的血亲集团。"播冬"的基本结构及其功能如下：

同一"播冬"的人，使用同一姓氏，居住同一村寨，或寨中同一范围，或同一排长屋内。住同一排长屋时，家庭与家庭相通，共用客厅，如需隔开时，也要在木板壁上开设一个一尺见方的小窗，以便相互说话、问候、互借小件用具。这一小窗，瑶名叫"开佬"。

"播冬"有自己的首领头人，瑶语称之为"父导""买努"，译为"我们的母亲"。"买努"职位是传袭的，由"播冬"内办事公道、断事果敢、长于外交，通晓本族历史、天文地理、人情世故、卜卦阴阳、祭祀巫术等技能的中老年人担任，由"播冬"成员大会推举或选举产生。"父导""买努"的权力是纯道德的，没有强制手段，平时与一般族民无异，断事时也都召集全体成员民主讨论，最后依据古例习俗调整解决。

有较为固定的活动地域，有共同的山林、田地、山场、河流、房屋、公共生活用具。在共同的山林、山场、河流中，同"播冬"成员可共同采集和围渔，共同分配，或谁采归谁，而其他异"播冬"成员不得入内。

"播冬"成员有一处共同的葬洞，或在公共葬洞中的同一位置。同"播冬"成员，实行集体公葬，将棺木深夜送入洞中堆放，无贫富贵贱尊卑之分，只有先来后到之别。棺木不掩埋，让其自然风化。

有"播冬"的祭祀仪式和地点。每个"播冬"都有自己的"房包"，即神社。祭祀仪式和时间各异。"房包"一般设在村头或村中央，祭祀时间一般在六月"卯节"和大年三十傍晚。仪式先要"接雷"，新雷响时，家家放排枪，然后称"新水"，占卜当年的丰歉。"新水"较井水重，预兆丰年，举行大祭；反之，则小祭。各户不再设神龛。

"播冬"内严禁通婚，这是最重要的禁律。

死者遗产归"播冬"所有。继承遗产时，先由死者子女继承，如无子女，即由其同宗亲属继承，如皆无，则全归"播冬"共有。

"播冬"有收容外人入族的决定权。这些人入族后，统用本"播冬"姓氏。

同一"播冬"成员有下列义务：凡起房盖屋、红白喜事、生育做寿等，由全"播冬"共同操办，客人共同接待；鳏寡孤独、残疾贫困者，共同接济供养不使其流离失所。"播冬"成员触犯石牌法规，被罚"赔酉"的费用也由全"播冬"共同承担。

召集全体成员大会。所有成员都有自由发言权，平等的表决权，实行高度的民主制度。如选举头人，废黜首领，决定对违规族民的处罚，以及播冬内大小事务等。不论是首领头人，还是普通族民，都遵循自由、平等、友爱的原则，成员普遍具有独立意识和个人自尊。

组织出猎。同一"播冬"成员可以自由参加。出猎前，先由"播冬"中经验丰富、喂有好猎犬的长者秘密主持"安坛"仪式。进入猎场后，又祭山神。猎归后，在猎首家共进夜餐。猎物头颈奖励猎手和坛主，肉平均分配。

抵御外侮。一旦本"播冬"成员生命财产和名誉受到侵害，一致对外。

正是这种具有多功能的"播冬"组织，抵御了历代朝廷官府的残酷镇压与羁縻土司、兵匪强盗的盘剥骚扰，战胜了恶劣的生存环境以及瘟疫病魔的无情摧残，使瑶麓社会得以生存发展、繁衍传承下来。

"播冬及朵"。在"播冬"之上，又有"播冬及朵"组织，直译为：父亲和孩子们的兄弟。"播冬及朵"是由两个或两个以上的"播冬"，为了某种利益而结成的一种联合组织，有的是一个血缘"播冬"分化出来的，有的是接纳外人结盟而成的。

"播冬及朵"的功能有：

加强"播冬"力量。凡起房盖屋，红白喜事，要互相帮忙操办。

互相照应，共渡难关。

血亲复仇。凡需血亲复仇时，"播冬及朵"成员相约参加，以壮声威。

组织出猎。凡"播冬及朵"成员可相约出猎，猎物共享。

"播冬及朵"内不能通婚。违者，轻则罚"西"，重则开除族籍。

"播冬及朵"没有大会制度，也没有相应的买努头人，是介乎"播冬"（氏族）和"官侯"（部落）之间的一种较为松散的组织。

依山而居

"官侯"。在"播冬"和"播冬及朵"之上，还有一个"官侯"组织，"官侯"意思是，穿我们这种衣服的瑶人的地方。其结构与功能如下：

有自己的名称和领地。"官侯"是自称，官府和周围民族称其"瑶六"、"苗六"。"瑶六"原有大片领地，供其狩猎和捕鱼。现存的清嘉庆十二年（1807年）刻制的"河界碑"，记载了"瑶六"领地的部分地界。在领地内，"官侯"成员可以自由活动，而外族人不敢贸然入内。

有特殊的方言。瑶麓瑶语仅为瑶麓的1800多人使用，与荔波县境内的瑶族另外两个支系不能通话，尽管相同的词根很多。

有独具特色的服饰。瑶麓瑶族现仍着青布左衽古装，男子穿青布短裤，长不过膝，套脚笼；女子着绣花多幅彩裙。与"白裤瑶""长衫瑶"有明显区别。

有独特的习俗文化。如岩洞葬习俗，是古代南方少数民族的一种特殊葬俗的传承，内涵丰富。"凿壁谈婚"亦独具特色。

有自己的自然宗教和仪式。在生育、婚姻、贺寿、生产、安居、出猎、祭祀、禳灾等方面，都具有自己独特而有别于他的礼仪规俗。

有大首领。大首领称为"买努广"，由选举产生，遵循禅让制，也可以是终身制，如有不称职或违规乱伦时，可以被"买努会议"罢免甚至处死。

有"石牌"议事会。"石牌"瑶语称之为"阿常"，即石头法规，亦称"石牌律"。"石牌律"是"官侯"组织必须遵循的最高律令，所有族民在情感、思想和行动上必须无条件服从，不得违抗，具有至高无上的神圣权力。"石牌"产生于"买努"头人议事会或部落大会，会议论决的问题就是石牌条规。

抵御外侮、保卫地域及族民生命财产安全。

保障"官侯"组织内婚姻。瑶麓社会实行氏族外婚、组织内婚制，违者受社会歧视、嘲讽，甚至开除族籍。

世代传承的"头人制"

瑶族头人制的历史十分久远。《汉书》即有记载，唐时称为"蛮首"，《宋史》称"瑶酋"，元明以后称"峒主""峒长"，《荔波县志》称"埲目""甲首"。

瑶族的"头人制"伴生于氏族制。氏族出现，"头人"即产生，或者更早。从语言学的词义对比分析中，我们可以看到，称群众为"冬娥"，"冬"是"幼小的"，"娥"是"孩子""崽子"；称"头人"为"买努"，即"特别大的人""母亲""头人"。"头人"与"群众"联结起来就是母亲带着一群幼小的孩子。因此，其历史可以追溯到原始社会。

由于瑶族长期固锁于交通闭塞，商旅不通的高山密林中，实行严密的部落内婚，不与外族相往来，更由于荔波"古为荒服地"，宋时虽置有荔波州，但不过羁縻而已，元末明初为皮、蒙、雷三土司割据。明永乐年间"尚有八十二峒瑶民未隶归籍"。

中央王朝鞭长莫及的"化外"之地，成了瑶族氏族社会的"世外桃源"，"头人制"自然也就得以传承下来。

头人的产生。

氏族头人瑶语称为"呼倒"，即寨上德高望重之人，也称寨老。氏族头人在氏族大会上由族民推选那些办事公道，体恤族民的成年男

夕阳下的瑶乡
···························●

子担任。可以是终身制，也可以中途罢免和另选他人。实行禅让制，一般一寨推举一至三人。

部落头人称为"买努广"。"买"是"母亲"或"特别大的"意思，"努"是"人"，"广"是"地方"。因此，"买努"和"买努广"的意思是：我们的母亲和这片地方上的人的母亲。直译为头人和大头人。他是由部落大会和各寨头人选举或协商产生。考查的条件比寨头更多一些，不但要公正爱民，更要通晓汉话，能说会道，有外交才能，但不拘家室贫富。选举时由氏族头人中年纪最大，威望最高者主持大会，由族民当面提名，众人讨论，在高度民主的讨论后举手表决，以举手人数最多者为大头人，其余被提名的人为副头人，一般是一到三人，最多时也有九人。

头人的职能。

军事。组织村寨防卫，指挥抵御外侮，为防备兵匪肆虐，寨寨砌有围墙寨门，四面关隘雄踞，层层筑有哨卡，备有滚木礌石，安排有人轮番守卫。

外交。凡涉及族外事务，统由头人办理，任何族民不得擅自出面，除非特殊邀请。

召集族民大会或氏族头人会议，民主协商族内大事，最后依据古例习俗或大多数人意见作出决定。

监督、干预氏族头人的违法乱伦行为。

调解民事纠纷。

主持祭祀活动。氏族祭祀由氏族主持，如年关祭祖等。部落的由部落头人召集，但主祭司是古袭的巫师，如六月间的"熟霞"敬神。

头人服务于族民大多是义务的，无条件的，是公仆性质的。

"头人制"与"石牌制"关系。

石牌条款由头人集体讨论确定，或是部落大会议决，头人在执行石牌条规时，享有极高的权威性，是最高权力代表，受到普遍崇敬，族民必须无条件服从。

头人无石牌外的丝毫特权。不能打骂族民，更不能随意处罚族民；头人要和普通族民一起劳动；参加狩猎分配猎获物时，也与普通族民一样依先后次序按平均数领取；退位后是普通族民，就是死于任上的头人，其葬礼也与普通族民无任何差别。

头人受石牌律约束。石牌可以将不称职头人弹劾、罢免、罚款、开除甚至处死。

"头人制"与"保甲制"。

民国时期，荔波县实行"保甲制"。"头人制"与"保甲制"出现了合流现象，但又不完全合流，而是根据当时情势有所变通，即太平年间，大头人自然是保长，寨老是甲长。动乱时期，头人退居二线，由临时的"保长"和"走甲长"出面。"走甲长"任期最短的是一个月，任务是催粮派款，"走甲长"大多为穷人担任，因为其交款困难，当过甲长后，可免除他那一份粮税。

在瑶麓洞干坝上，一直流传着这样一个古老的习俗，每年新雷第一声响动，"果告粮"的后人就要立即焚香祭雷，然后七日不动土。第二次春雷响，又祭二雷，同时祭雷三天，直至春耕雷响时再祭雷一天，然后先在田土内用翻锹翻上两三锹，或栽上一二笼秧，并在田土中插上芭茅秆作标记。瑶族群众看见果告粮的田土中插有芭茅秆后，才陆续开始撒种和栽秧。这一习俗的由来，源于头人"果告粮"的传说。"果告粮"原名覃光明，瑶麓尤迷寨（现名洞干）人，他自幼天资聪颖，机灵过人，成年后口才出众，能言善辩，身材魁梧，胆识超群，力大无穷。

传说有一次，官府派差役来瑶麓缉拿他，当时他正在洞干坝上耙田，见差役凶神恶煞地注视着自己，知道来者不善。他也不言语，只顾来回吆牛耙田。差役气急败坏地大吼大叫，他仍镇定自若。末了，才炸雷似的应了一句："忙哪样？等我耙完田再讲嘛！"

差役等不及，就要下田捉人。只见覃光明迅速解去牛绳木耙，两手一夹，将大牯牛轻轻抱起，稳稳地抱到洞干坝中的小河沟内为牛洗澡，就如同大人抱小孩到盆内洗澡一样轻松。这一抱非同小可，把几个差役同时都吓蒙了，舌头伸得长长的，差点缩不回去，暗暗庆幸自己不曾出手，不然，不是丧命，至少也要骨折筋断。于是，几个差役气也不敢出，头也不敢回，没命地溜了。

此后，覃光明就出了名，被瑶民推举为瑶麓大头人。有一年，瑶麓地方春逢旱灾，夏遇水涝，秋遭雹打，庄稼严重歉收，瑶民苦不堪言。可官府差役不仅照旧例催粮逼税，还以种种借口增加征收数额。

这可害苦了广大瑶民，也急坏了头人覃光明，他想，等死不如上访。于是约上努侯瑶族各寨头人，上荔波县衙告状。

县官升堂，覃光明领头，单脚跪地呈上状纸，县官接过状纸，打开一看，竟是张白纸。顿时拍案怒骂："无知刁民，竟敢戏弄本官？"覃光明不慌不忙，从容答道："瑶民穷困不堪，入不得义学，大字不识一个，只好白纸见官，万望大人体谅。"

县官不便发作，见覃光明等人半跪半立，便借题吼道："见官为何不跪？"覃光明还是泰然应答："小民要留一只脚等着，恐大人不允，我们上州府时方便。"

县官无可奈何，知覃光明非等闲之辈，忙改了腔调，问覃光明："你们所告何事？本官为你们做主就是。"

覃光明见机便把瑶民疾苦，从头一一陈述，末了又加重语气，愤愤地说："自古以来，谁人不说，先有瑶人，后有朝廷。谁人不晓，天朝皇帝许诺我们瑶人，种山不纳粮，过船不交钱。我们瑶人一不会偷，二不会抢，三不会杀人，只是上山打几只小鸟糊口，却这也要交钱，那也要交钱，我们去哪里要钱？如今我们的山又没有变大，地方却越来越小，粮税倒一年比一年重。请问大人，我们说的是否属实？大人

叠翠流金

可否为我们做主？"

县官理屈词穷，无言以对，于是下令免除瑶民的丁粮杂税。

瑶民得以休养生息，他们对头人覃光明感恩戴德，尊称他为"果告粮"。

果告粮因善于雄辩，强于诉讼，官府十分惧怕。他在一次外出处理纠纷途中，官府在瑶柳将其杀害。瑶民悲痛万分，要为其报仇，但苦于无凭无据，只好作罢。于是就取"饮水思源"之意，相约成俗：每年开秧门，一定要看果告粮的后人祭了雷、动了土、开了秧门、插了草标之后，其他人才能撒种栽秧，以此表达对果告粮的深切追悼和永恒怀念。

● 古老的"油锅"制 ●

瑶族是一个历史悠久的古老民族。远在上古时期，《山海经·大荒东经》就记载："有困民国……名曰摇民"，"帝舜生戏，戏生摇民"。《越绝书》载："摇城者，吴王子居焉，后越摇王居之"，"通江南陵，越摇所凿"，"宿甲者，吴宿兵候外越也……其东大冢，摇王冢也"。《世本》载："徭民，东越王徭，勾践之后，其后以徭为氏。"《史记·越王勾践世家》记载："楚威王兴兵而伐之，大败越，杀王无疆，尽取故吴地至浙江……后七世，至闽君摇，佐诸侯平秦，汉高帝复以摇为越王，以奉越后。东越，闽君，皆其后也。"隋唐时期，"莫徭"之族称频见于史籍，唐姚思廉《梁书·张缵传》载："零陵、衡阳等郡有莫徭蛮者，依山险而居，历政不宾服。"长沙孙无忌等著《隋书·地理志》三十一卷载："长沙郡又杂有夷蜒，名曰莫徭。自云其先祖有功，常免徭役，故以为名。"《宋史·蛮夷列传》载："蛮徭者，居山谷间……不事徭役，谓之徭人。"

由于"荔波古为荒服地"，"苗蛮六种，聚族而居"。瑶山地处黔桂的荔波、从江、榕江、三都及南丹、环江等两省县交界的月亮山麓，远离县城，山高林密，交通闭塞，商旅不通，是氏族社会的"世外桃源"。

瑶族实行严格的部落内婚，不与外族相往来，长期的锁关自守，形成强烈的内向性和外抗性，使传统的观念越发根深蒂固。历代土司及反动政府的民族压迫、民族歧视政策，更增强了这种狭隘的民族意识。《荔波县志》就记述说："瑶族……其团结力之强及守秘密坚信约，为现在人类中所仅见，一经然诺，决不食言，族中秘密，虽妇孺亦不泄露于外。"

历代土司，统治阶级对瑶族的武力征剿，迫使瑶族"入山唯恐不深，入林唯恐不密"，瑶山正是"土少石头多，滴水贵如油"的极贫山区。

传统的生产方式严重地束缚了生产力的发展，人们"日出而作，日落而息"，"畲田不足，弓求野肉"，"春种一大片，秋收才一箩"。粮食产量极低，群众生活极端困难。

与落后的社会生产力相适应，个体家庭每遇灾害和不幸，只有依靠群体间的相互关怀和帮助，才能渡过难关。于是，承担组织家庭成员间互相帮助的，古老的氏族"油锅"（家族）组织便长期发挥着重要的社会职能作用，时至今日，仍为广大瑶族群众所竭力拥戴，显示出古老的"油锅"组织的顽强生命力。

荔波瑶山的"油锅"组织主要具有如下职能：

有事互相商量，大事人人到场，相互间全力支持和帮助。

"油锅"，瑶语称为"玻卜"，意思是"爷崽"，意为"同在一

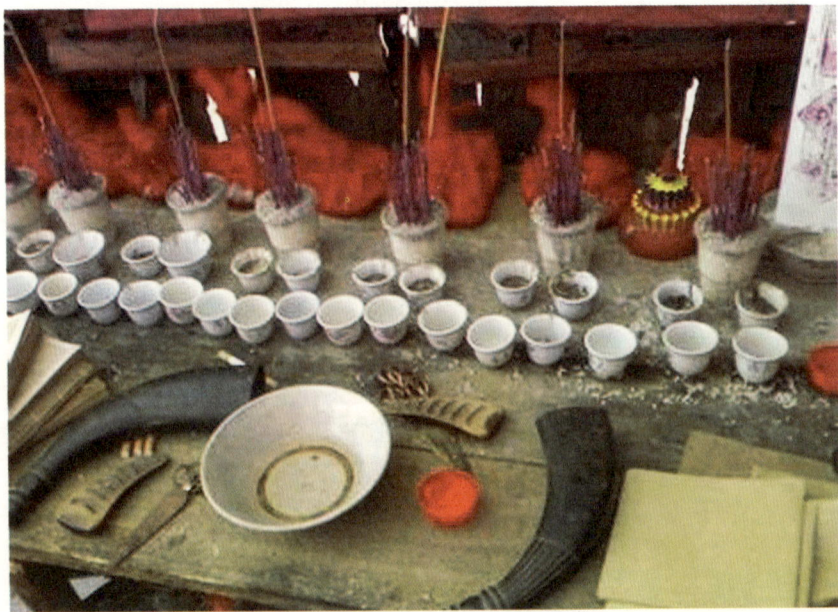

神判

口锅里吃饭的人"。这是一种以家族为单位，建立的特殊社会组织，是一个父系家庭组成的血缘集团，所有的成员是同出于一个父系祖先的亲属，彼此间都有血缘关系，聚族而居，互相照应。

最初的"油锅"，共同劳动，共同消费，因此是"同在一个锅里吃饭"。后来，由于内部的发展，又分成许多小"油锅"。同一"油锅"的人，都是爷崽、兄弟，因此相互间都有彼此帮助的义务，特别是婚丧大事，必须"油锅"成员商量，人人到场。如遇天灾人祸，同一"油锅"的成员，都应全力予以支持和帮助，特别是"血亲复仇"时更是同仇敌忾。这种"有饭大家吃，有酒大家喝，有事大家帮，有难大家担"的"油锅"组织在维系瑶族社会中发挥了重要作用。

每个"油锅"都有自己的名称。"油锅"的名称，与男性始祖的名称有关，而这些名字又大都是些日用的物品。

每个"油锅"都有自己的头人。"头人"瑶族称为"朵播"，意为"大哥"。头人是"油锅"的组织者和管理者，对外是当然的"油锅"代表，凡"油锅"内事务，要先找头人商量，如是婚丧大事，就先就近找本"油锅"头人商量，然后再找总"油锅"头人汇报，以便几个"油锅"统一行动。"油锅"头人多为全体族民公认的自然领袖，他必须知识面广、社会阅历多、生产经验丰富、精通本族历史，特别是通"巫"，能择吉选日子。

同一"油锅"成员同住一地。如因生产关系，搬离原"油锅"寨，则可申请参加迁入地"油锅"，但需办理"入锅"手续。即备办薄酒，请迁入地的"油锅"成员吃一餐，取得新"油锅"成员资格。

每个"油锅"都有自己的保护神。同一"油锅"的人共同祭祀。届时，全体男性成员，无论老幼，毫无例外地必须参加。

每个"油锅"组织有自己的领地。同一"油锅"的人可以在领地内自由开垦、自由放牧、砍柴割草，其他人则不得擅自入内动土。

每个"油锅"都有公共墓地。同一"油锅"成员死后要葬在一起。民国初年之前，瑶山实行岩洞葬，将棺椁置于高山岩洞中，"藏固深秘，人莫知其处"。同一"油锅"的人，死后同置一洞。现改行土葬，但仍传承着同一"油锅"成员同埋一处的旧俗。

同一"油锅"的成员严禁通婚。因为同一"油锅"的成员都是爷崽、兄弟，所以，氏族内反对血缘婚姻的原则被严格遵循着。同时，同一"油锅"的成员间亦不能通婚，而只能在"油锅"之外，相同支系的瑶族之内通婚。

　　"油锅"成员有互相继承财产的权利。遗产由儿子继承，若无子则由他的亲兄弟分享，若无同胞兄弟，则全"油锅"成员平均分享。寡妇再嫁，必须把财产留在"油锅"内，若是个人财产，在取得亡夫"油锅"成员的同意后，可带走一部分，但必须保证主要的生活资料仍然保留在"油锅"内。

　　"油锅"有定期的会议制度。每年春耕前，由"油锅"头人召集全体"油锅"成员共同祭祀"油锅神"，祈祷保佑人寿年丰，六畜兴旺，鼓动大家努力生产，不误农时，适时播种耕种，抓紧时令季节，不可懈怠偷懒，不可好吃懒做。每个成员都得出席会议，并可充分发表对"油锅"内事务的各种意见，最后大家达成共识。这种在宗教形式下的"油锅"民主议事、技术传授、规范个人行为、整合"油锅"组织的定期会议制度具有极为浓厚的氏族社会色彩。

大山深处是瑶家
·····························●

● 传统"习惯法" ●

在瑶族社会里，传统的习惯法是维系社会秩序的基础法规，是维护人人平等关系的重要法宝，也是人们为人处世的基本原则。习惯法是世代相传沿袭的，具有至高无上的权威性。

传统的习惯法，主要解决婚姻纠纷、人事纠纷、财产纠纷，具有较大的原始朴素性。对违反习惯法的人，处理时，大多由头人召集族老、"油锅"头人或全体族民大会，批评教育或请酒赔礼，或当场示众。

传统习惯法规定：

凡私自与外族通婚或与同姓通婚、姨表通婚者，家族的人都不认他，实际上是开除族籍。

不准重婚，禁止纳妾，违反者必须杀猪、杀牛请全家族吃酒，并向大家当面赔罪。

一般不允许随便离婚。如婚后无子或感情极坏，也可提出离婚。旧时离婚必须通知族中老人，有亲友到场，办酒肉招待，进行讲理。如系女方提出离婚，要赔偿男方32块大洋；如由男方提出离婚，要赔偿女方64块大洋。离婚后，子女归谁由男方决定，或由女方全部带走，或全部留在男方，或部分由女方带走，部分留在男方家，但是，儿女长大成人之后，仍然要回到男方家。离婚后，男娶女嫁不受干涉。

女子丧夫，可以守寡，可以改嫁，但绝不允许嫁给原夫兄弟。寡妇改嫁时，新夫必须支付一定费用，由原夫父母或兄弟享受。女子改嫁时，幼子可以带走，但不得改变子女姓氏。

男子丧妻，可以续弦。如女方是已婚妇女，婚礼从简。若女方是未婚妇女，则按常规举行婚礼。

没有举行结婚仪式就生育的女子，不准在寨中分娩，必须在寨外的山坡上搭一草棚居住，每天由其情夫照料，满月后方可回家。如双方愿意成婚，可以补办结婚手续。如双方不愿意成婚，可以另行选择配偶，所生子女归男方。

不准吵架、打架、斗殴。如双方发生殴斗，必须请头人及亲友评理，无理者须请酒赔礼。

对偷盗行为深恶痛绝，一经查获，物归原主，并令其请酒赔礼，如果证据确凿而抵赖者，家族中的人便不再理他。

不赡养父母者，全族人不认他。

买卖土地，必先通过家族。如果家族中有人愿要，便优先卖给家族中的人。家族中无人愿要，方可卖给其他家族。

对于真相无法弄清，难以分辨是非的纠纷，采取赌咒或捞油锅的办法处理。赌咒时，须请巫师主持，双方赌咒说："若是我做了坏事，我的儿子一定要死。"捞油锅时，先将油烧至沸腾，令双方一同将手伸入油锅，烫伤者即认为无理，应当按习俗予以处理。

保护家禽家畜，不准将病禽病畜引入寨内。妇女生育坐月子，亲戚朋友送鸡，只能在坐月子妇女寨中买鸡。拿到集市上出售之鸡，不准再带回寨中。如出售之鸡一时卖不完，须留在坡上观察十天半月，确信不带病者，方可带回寨中。如谁人不按规定，带病鸡入寨，一旦发生瘟疫，令其全部赔偿。

传统习惯法对杀人、强奸、通奸、盗窃等处罚相当严厉，中华人民共和国成立后，已过渡到遵守国家法律。但习惯法的很多内容在生活中仍在发挥着重要作用，对民族团结，社会和谐发展还有着积极的意义。

瑶乡乐

BANLANWUSE
斑斓五色
YAOJIAYI
瑶家衣

瑶族服饰色彩斑斓、内涵丰富，是民族历史与文化发展史的充分展示，被人们形象地称为穿在身上的历史。

● "白裤瑶"与五指血裤 ●

在瑶山一带，瑶家的男子一年四季头包白帕，身穿黑衣和短膝白裤，被称之为"白裤瑶"。他们为什么要头包白帕、身穿黑衣和短膝白裤呢？其中有一个故事。

传说盘古开天辟地的时候，世间是两头白中间黑。那阵，天上有十二个太阳、十六个月亮。人们抵不住炎热，纷纷跑去找瑶王勾洼，要他把太阳、月亮射下来。勾洼是个神箭手，他了解人们的痛苦，马上拿起硬弓利箭，爬上姑类山顶，瞄准太阳、月亮，"嗖嗖"地射了二十八箭。但是，一

瑶族猎装

个太阳和月亮也没射落。勾洼十分烦恼，闷闷不乐地回到家里。妻子问他："你为什么这样愁眉苦脸，不讲一句话？"勾洼说："我冤枉练了一套弓法，连一个太阳和一个月亮也没射落，叫我怎么对得起大伙？"妻子安慰他，要他别着急，多想些法子。当晚勾洼就梦见一个白胡子公公对他说："你要到大地西边的射日山上，才能射落太阳和月亮。"勾洼高兴得笑醒了，第二天天刚麻麻亮，他就背起弓箭，告别了年老的阿妈和怀孕的妻子，往射日山走了。

勾洼翻山越岭，蹚水过河，历经千辛万苦，整整走了一年才爬到射日山顶。射日山离天三十丈，十二个太阳、十六个月亮像簸箕一样悬挂在天空，喷出熊熊火焰。勾洼立刻张弓搭箭，对着太阳、月亮一连射了十六箭，射落了十五个月亮，射不落太阳。勾洼不灰心，继续射太阳。他睡山洞，吃野果，每天不停地射，一年才射落一个太阳。他整整射了十一年，射落了十一个太阳，剩下的一个太阳和一个月亮落到山下躲了起来。天下变得一片漆黑，什么也看不见。勾洼想，幸好没把太阳和月亮射完，不然人们干活就看不见亮了，就留着一个太阳和一个月亮吧！太阳晓得勾洼不射它了，便从山脚升起来，天又亮了。太阳落山后，月亮从山脚升起来，大地又有了一片银光。这样，人间有了白天和夜晚。人们白天在温暖的阳光下种庄稼，晚上在柔媚的月光下纺纱织布，日子一天比一天好起来。勾洼从射日山回家时，他的孩子已经十二岁了。

粮食丰收了，家家禾仓里装满了金灿灿的谷子，黄生生的苞谷；棉花丰收了，妇女们纺成一篮篮白纱，织出了一匹匹美丽的布。大伙对勾洼说："如今日子已经好过了，我们瑶家不能老穿树叶和兽皮，应该缝衣裳穿啦！你看缝什么式样好？"勾洼想了一阵，然后说："缝成两头白、中间黑的式样吧！"夺威老人问："两头白中间黑是什么意思呢？"勾洼说："留在天上的那个太阳和那个月亮，每天辛勤地为人们造福，我们瑶家就穿两头白中间黑的衣裳吧，以表示我们对太阳和月亮的敬意！"大伙听了十分高兴，马上推选勾洼的妻子亚妮先做一套作为式样。亚妮到屋里拿出自己织的白布和黑布，照勾洼画出的式样，做成了一张白头帕、一条短膝白裤和一件黑衣裳。她让勾洼穿起给大伙看。大伙见勾洼穿着两头白中间黑的衣裳，显得格外英俊潇洒，都回家去喊自己的妻子照式样做。从此，瑶山的大人小娃都穿上了两头白、中间黑的衣裳。不久，勾洼的阿妈生病过世，他包在头上的白头帕就很少取下来，一直戴着表示给老人戴孝。后来，瑶家的男子们都学勾洼，不论上坡、下地干活，还是出门走亲访友，都包着白头帕。

一天，国王为了表彰勾洼射日月造福人们，召集天下群臣在宫廷举行盛大庆功会。勾洼穿上自己的民族服装，高高兴兴地进入宫廷。国王和各方群臣都夸奖勾洼的服装别致、漂亮，对勾洼格外尊敬。国王特地把勾洼的名字排在第一位，请勾洼坐在左边第一把椅子上。在欢乐的鼓乐声中，国王先表彰勾洼，然后高兴地说："先有瑶瀛，后有朝臣。我们大家都要学习瑶族人勤劳勇敢、宁愿自己吃苦，也要为人们造福的精神。"国王讲完话后，群臣一阵欢呼，纷纷向勾洼祝贺。

勾洼回到瑶山，瑶胞们穿上民族盛装，到草坝迎接勾洼。从此，两头白中间黑的衣裳，就正式成为瑶山瑶族的服装了。

至于瑶族猎装花裤左右两边膝盖上各有五条长短不一的红绣印，传说是瑶王果爨公的"五指血印"，

重器欢送神灵

五指血裤

荔波喀斯特世界自然遗产地

荔波是贵州瑶族聚居地，风景十分幽美。荔波喀斯特世界自然遗产地包括茂兰国家级自然保护区和樟江国家级风景名胜区中的大、小七孔景区。它的喀斯特特征和地貌景观的多样性是世界上同类喀斯特的参照地，它包含了众多高耸的锥峰和深陷漏斗，以及陷落河流和悠长的河流洞穴。2005年荔波被评为"中国最美的地方"和"中国最美十大森林"。2007年正式被列入世界自然遗产名录。

因而瑶族花裤又被称为"五指血裤"。

　　据说，明朝万历年间，今天的世界自然遗产地王蒙小七孔响水河两岸，是瑶族同胞聚居的地方。这里居住着努候、洞末、东蒙三个瑶族兄弟部落，也就是现在的瑶麓、瑶山、瑶埃三支瑶族的先民。他们以族立寨，推举酋首，男子狩猎，女子耕耘，踏婚为歌，夜不闭户，路不拾遗，和睦相处，出入相支，守望相助，亲如手足，过着"见官不下跪，耕山不纳粮"的自由自在的生活。就在瑶族人民过着无忧无虑、和平幸福生活的时候，广西南丹莫土司却趁着官府开辟苗疆之机，想霸占这块地方。

　　一天，莫土司带领一帮家丁打手翻过瑶人坳，涉过打狗河，闯进了瑶家寨。瑶民们将消息飞报头人果优公。果优公听了报告后，料

小七孔景观

定莫土司来者不善，便飞步赶到瑶家寨。土司的兵丁黑压压一大片，一个个气势汹汹，耀武扬威，队伍前面还摆着十二挑白晃晃的银子。不等果优公问话，莫土司就走上前，装模作样地说："以铎（意为瑶家大爷），我们今天到这里来，没有别的意思，听说你们武艺很高，今天想当面向你们讨教讨教。说打擂比武也可以，如果你们赢了，这十二挑银子就送给你们，如果我们赢了，这十二挑银子就只能分赏给我手下众位弟兄了。"果优公一下子全明白了，这是莫土司想吞并瑶家这块赖以生存的土地，特意来投石问路，打探虚实的。果优公想，如果不给他个下马威，给他点颜色看看，让他知道瑶人的厉害，这伙红了眼的强人是什么事都干得出来的。果优公一眼瞥见身边的界碑，心里就有了主意，当即把元气提到丹田，运用内功，顺势将一块六尺多高、三尺见方，少说也有千斤以上的界碑倒拔了出来，并上前几步将石碑重重地摔在莫土司眼前，把地上砸出了一个深坑，然后慢悠悠地说："莫老爷，你们不是说要打擂比武吗？那就先请你们将这块界碑立回原处以后再来比武吧！"莫土司见果优公不费吹灰之力就轻拔巨碑，掷地成坑，吓出了一身冷汗。那些恶棍打手更是丧魂落魄，舌头伸出半尺长怎么都缩不回去。莫土司一句话也不敢再说就带着他的家丁打手灰溜溜地滚蛋了。瑶族同胞仍旧过着和平安宁的日子。

　　几十年以后，老土司死了，他的儿子继承了官位，成了小土司。小土司比老土司更恶毒、更疯狂、更残忍，手段也更狡猾。他发誓与

瑶族民居

瑶民不共戴天，要把瑶民斩尽杀绝。经过长时间的周密策划之后，他便派心腹爪牙潜入边界，在无字的界碑上刻上"莫"字，又派几个心腹打手带上干粮炒米，躲到瑶寨对面的白岩洞里，然后勾结官府集结大兵压到瑶寨边境上。一切阴谋准备就绪之后，就又像老土司当年一样率兵对瑶民发起挑衅。

小土司杀气腾腾地闯进瑶寨，口口声声说瑶民侵占了他莫土司的山，耕了他莫土司的地，不给他莫土司纳粮进贡，要找果优公算账，果优公已经去世多年，瑶民推举果翠公为瑶王，去与土司评理。果翠公对小土司说："'讲不过理，跑不过雨'，我们瑶人祖祖辈辈住在这里，路是我们开，树是我们栽，今天怎么就变成你莫土司的了？"小土司晃着脑袋，阴阳怪气地说："你们瑶人不是常说'三人说话有中人，两人说话有地点'吗？你们说这地方是你们的，谁来当中人呀？"果翠公重重地说："你们面前的界碑就是见证！当年你父亲是见到这块界碑之后才滚蛋的！"小土司假装不知道，弯腰去看，边看边对着果翠公奸笑。果翠公原以为小土司也会像老土司一样不打自跑。谁知小土司不但不跑，反而提高嗓门大骂果翠公："你们这些死瑶人好没良心啊，你们霸占了我的地方不给我纳粮进贡，这么多年了，还想霸占下去。我要到官府去告你们！"果翠公听他这么一说，赶忙凑近去看碑，这才发现碑上刻有"莫"字，还有很多小字，心想，这块碑原来是没有字的，现在哪来的字？正在果翠公惊疑不定的时候，小土司又讥讽地说："你看见了吧，石碑上明明写着这里是我莫家的地方，你们快点给我滚蛋！"接着又进逼说，"你们口口声声说山是你们

敬神

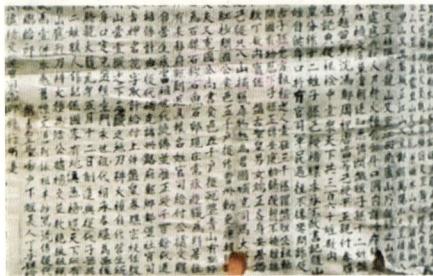

《过山榜》

瑶人开，树是你们瑶人栽，那你们就喊山，看山应不应你们。如果应了就是你们的，不应就是我的。"

果犟公说："那不行！你们喊得应吗？"小土司说："那好吧，我们就来喊山，看答应谁的。让你们先喊吧。"果犟公深信天地有灵，一定会喊得应，于是就答应了。小土司又说："如果山答应你们瑶家，我退让三十里。如果山答应了我，你们退走三十里，怎么样？"果犟公答应一声，就对着山炸雷似的大喊道："山啊，请你凭良心说话，这山是我们瑶山的，还是他莫土司的？"果犟公喊了这山喊那山，声音喊哑了，山上一点回音都没有。轮到小土司喊时，小土司一喊山上马上传来了回音："山是莫家的、莫家的。"果犟公和众瑶民惊得目瞪口呆，泪流满面，只好忍痛撤离故园热土，逃往朝阳、荔波方向。

小土司趁着瑶民撤离之机，指挥他的兵丁打手一路追杀，一夜之间就霸占了瑶家的几十个寨子，打伤、杀死了很多无辜瑶民。

果犟公身负重伤，由族民掩护背回村寨，但终因伤势过重，不幸身亡。悲愤万分，发誓一定要为他报仇雪恨。于是，全体瑶民决议：一方面将他流在花裤上的血印永远绣在花裤上，表示世代不忘报仇雪恨。另一方面，派人不远万里，历尽千辛万苦上京告状。万历皇帝接到状子后，立即派大员前来查明原委，削去了莫土司官职，取缔了土司封号，重立了"董界碑"，还特地将莫土司那些令人发指的罪行刊刻于碑上，昭示后人，彰显皇威。

● 背牌与瑶王印 ●

荔波县境内有瑶族的三个支系，即瑶山瑶族乡的"白裤瑶"、瑶麓瑶族乡的"青瑶"，以及瑶埃支系的"长衫瑶"。三个支系的服饰有不同之处，也有着相似之处，即三支瑶族女装都有背牌，背牌的制作方法，尺寸大小、图案、穿着方

背牌

式都相同，甚至三支瑶族对背牌的叫法都惊人的相似。

荔波的三支瑶族在背牌的制作上稍有区别的地方是："青瑶"女子在背牌下方的两只方角上，分别垂了 3～6 根彩色飘带，显出"青瑶"女子的高挑苗条和飘逸风采。"长衫瑶"女子的背牌下方亦分别垂有 1～3 根飘带。"青瑶"和"长衫瑶"女子在穿背牌时，都要贴身穿上一件青布短上衣。而瑶山女子的背牌既无须加垂彩色飘带，穿着时，也无须另穿上衣，完全可以贴身单穿。另外，在缝合上，瑶麓女子增加了两块四寸左右的袖片，拆开缝合线后是大小对应的四块正方形布料，成为四个方形。

而瑶山女子是按"横拼式"缝合法，即按布的纬线走向平行撕裂后，将布横着使用，直接用手撕下两块各一尺五寸的粗土布，以布幅的边为衣的领口和下摆，在两块布料的上方两端对称缝合十余针即成为"贯首衣"。正如《贵州通志》所描述的清嘉靖时东苗的"衣用土锦，无襟。当服中孔，以首纳而服之"。明郭子章《黔记》记载："妇着花裳，无袖，惟覆盖前后而已。"

瑶族背牌是瑶族后代子孙与祖宗团聚的"信物"。他们坚信，所有瑶族女子都要穿背牌衣，这是瑶族与其他民族区别的标志。因此，凡瑶家女子，人人都会制作背牌衣，都拥有多件背牌衣。

瑶族之所以从古到今都十分看重

瑶族背牌

背牌在"白裤瑶"土语中称为"ɣou⁴⁴"，在"长衫瑶"土语中叫做"a¹³"，在"青瑶"土语中称为"ou²⁴"。三种叫法的声母都不明显甚至消失，韵母都是后位元音，调类都相同。有专家在研究后认为：三支瑶族土语中的背牌一词来源于共同的母语，出自共同的词根，指同一种事物，与黔东南苗语方言中衣服"ud"的称法有关联，也是没有声母，韵母是个后位元音。可见瑶族的背牌不仅与苗族的背牌同出一源，而且这种背牌还是这一样式服装的原生形态，是目前尚存的各式背牌的总源头。

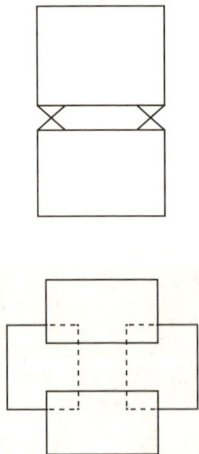
背牌截面图

背牌衣，是与背牌衣的特殊功用分不开的。在瑶族丧礼中，装殓死者时不管死者是男子还是女子，一律都要用背牌盖脸埋葬。这是由于人们相信，死者的灵魂将要到祖宗那儿去过新的生活，因此，要让死者打扮得和祖宗一模一样，以便祖宗能迅速地认出自己的子孙，并高兴地接纳他们。因此，背牌就成了死者和祖宗见面的"信物"，这证明了背牌是瑶族祖先的服装，也是瑶族的传统服装。

背牌是瑶族的"族徽"。背牌上的回纹菱形花，瑶族称之为"大围马""小围马"，或称为"禾仓围""项圈围"，是由大地田园抽象而来的，也叫"瑶王印"。没有这些大大小小的回形花的背牌是绝对不能穿的。

"青瑶"背牌

回纹菱形花，相传原是瑶山瑶王义优的方形印章。盘古开天以来，瑶王义优率领瑶民筚路蓝缕、披荆斩棘，开辟了龙江上游的广阔大地，瑶民在这片乐土上狩猎耕种、繁衍生息、安居乐业。瑶王有一方形印信，原是天朝皇帝所赐，为的是表彰瑶王治理地方有功，也让人们凭此印信，免除一切徭役。

瑶族相信瑶王的印信威力无穷，它上可沟通朝廷官府，下可治理百姓万民，甚至连人们感冒发烧，头疼脑热，只要看一眼印信，就会顿感精神抖擞，百病全消。印信在丧礼中更显得异常重要。瑶族相信，人之将死，或已死未殓之前，若用印信在其头上晃过，或让其枕于颈下，死者及

传授绣技

贯首衣

其灵魂就能高高兴兴地到祖宗那里报到、团聚。

传说有一外族土司千方百计地打瑶王印信的鬼主意，发誓一定要占有它。可是他却一直苦于没有机会得手，直到他的儿子长大成人，才找到一个难得的机会。他唆使儿子死皮赖脸地接近瑶王的女儿，最后骗取了瑶王女儿的感情，与瑶王女儿成了婚。

两人婚后为瑶王生了一个活泼可爱、绝顶聪明的孙子，瑶王十分高兴，常与小孙子逗玩。老土司见时机成熟，就向小土司面授机宜。一天，小土司夫妇带着宝贝儿子来看外公，瑶王照例与孙儿开心地骑马马肩玩耍。忽然一阵妖风吹来，飞沙走石，天昏地暗。瑶王顿感眼里被吹进了什么东西，疼痛难忍，急忙用手去揉，可刚一松手，孙儿就从肩上摔了下来，哇哇直哭。小土司见状，佯作心疼儿子，却暗地里狠狠地掐儿子屁股，儿子更是拼命地哭天喊地。

孙儿哭闹不止，急坏了瑶王，他想尽办法，也未能让小孙子平静下来。小土司在一旁佯作焦急得不得了，就让瑶王的女儿将瑶王的印信要出来安抚儿子。瑶王的女儿不知是计，见孩子如此，非常心疼，只好依从丈夫，向瑶王恳求。瑶王先是不允，后经不起女儿的苦苦哀求，也就依允了女儿。

瑶王取出印信，孙儿一见便顿时停止哭啼，破涕为笑。孙儿高高兴兴地接过印信，左瞧瞧、右看看，爱不释手，捧着印信，活蹦乱跳地玩耍去了。瑶王见孙儿如此高兴，也非常开心。

傍晚，女儿要带儿子回家，瑶王正要收回印信，小土司在一旁又故伎重演，狠狠地拧了孩子一把，孩子又啼哭不止。女儿又向瑶王恳求，说先借瑶王印信回去，待儿子睡着后悄悄收起来，再拿回来还给父亲。瑶王无奈，答应让小孙子将印信带回去玩耍。

　　三天后，小土司假惺惺地将印信用红布包了一层又一层，提着来还瑶王。同时送来了很多瑶王平时爱吃的东西和几坛陈年窖酒，还扯谎说孩子从外公家回去以后，如何如何乖，自己如何如何感激外公等一大通假话。

　　瑶王见印信已经送回，还有这么多好酒好菜，认为女婿是真心真意的，未引起任何怀疑，还盛情款待了女婿一通。

　　待到族中有事，瑶王动用印信时，才发现印信失灵。经过仔细辨认，瑶王才恍然大悟。原来印信被调换了，金质的变成了泥捏的。

　　瑶王正待召集族人兴兵讨回，无奈没有印信牒文，号令完全失去平日的威力。人不听令，风不和顺，水不流畅，山不旋转，五谷不丰，六畜不旺，人丁不兴，世道不平。瑶王后悔不已，整天为族民、为领地、为田园山场忧心忡忡，茶饭不思，滴水不进，精神恍惚，在一次巡山时不幸坠下悬崖。

　　瑶族人民丢失了印信，失去了瑶王，丧失了领地，被迫放弃了膏腴肥美的沃土良田和美好家园，逃进了水浅地皮薄的深山岩洞之中。

　　为了让人们和子孙后代永远记住民族的历史，永志不忘振兴瑶族的使命和对美好生活的向往与追求，于是人们便将瑶王的印信图案绣在背牌上，刺在头巾上，印在裙子上，珍藏在心底里。

盘王印

● 瑶族的蜡染刺绣 ●

　　瑶族蜡染文化源远流长，据《后汉书·南蛮传》载："织绩木皮，染以草实，好五色衣

穿花纳锦

服……衣裳斑斓。"《隋书·地理志》载："青布衫，斑布裙。"宋人周去非《岭外代答》卷六《斑布》云："瑶人以蓝染布为斑，其纹极细。其法：以木板二片镂成细花，用以夹布，而溶蜡灌于镂中，而后释板取布，投诸蓝中，布既受蓝，则煮布以去其蜡，故能受其极细斑花，灿然可观。故夫染斑之法，莫瑶人若也。"

崇棉礼俗

瑶族家家种棉，户户织布，凡缝制瑶衣，必须用自种自纺的粗土布。这种自织的土布经纱只有 12～16 根，纬纱 14～18 根，显得粗犷厚重，而且易于挑花刺绣。

瑶族在棉花播种前，要举行一项隆重而神圣的植棉典礼，旧时的典礼还有大小之分，小礼年年举行，大祭每十二年一巡。每当阳春三月，布谷鸟（杜鹃）啼叫的季节，便是瑶家植棉节。家家蒸糯米饭、磨豆腐，抢挑水井的第一挑"圣水"喷洒在棉籽上，用草木灰拌均匀，装盛于筐内，筐上密密地置满鸡蛋、鸭蛋或蛋壳，然后到棉地的东方地角焚香化纸，虔诚恭敬地祷告。

祷告毕，把棉籽种入土内，主人即砍来一株高大的棉花刺树，去掉枝梢嫩叶，立于地中央。此时，亲朋好友，大人小孩便兴高采烈地饱尝节日里特有的蛋类佳肴美味，然后把所有的鸡蛋壳、鸭蛋壳全部倒挂在那株棉树上，预祝今年的棉花有如这株棉树一样粗壮高大，棉桃满枝。

旧时的大祭典礼则更是隆重，全族带上酒肉糯米饭，集合于"植棉活路头人"家中，共祭棉花，同染棉籽。相传古时候还要用"棉头"祭棉，用血浸染棉籽。

纺纱

晾晒花裙

　　瑶麓瑶族崇尚青色，从衣裤裙袜到背扇口袋全都是青色，这一特定的审美情趣来源于一个美丽的传说。

　　相传瑶家古时候就种植一种叫"勉供"的黑棉花，这种棉花黑叶、黑秆、黑花、黑籽，用它纺的纱、织的布，用不着靛青染色，自然就乌黑闪亮，永不褪色，因此瑶族人民尊奉"勉供"为"黑棉花神"。

　　为了使黑棉花永不褪色，永保青光，年年高产，岁岁丰收，瑶族人民每年都要举行隆重的祭祀棉事，每隔十二年还要举行一次盛大的祭棉典礼。大祭典礼，同时又是瑶民的一个盛大节日，大祭时间大都在清明前后棉花下种的季节里进行。每逢大祭的年份，主持祭棉仪式的头人，又称为"棉头"的人，就要事先召集有经验的老人选择吉日，吉日一般选在"兔"天或"猪"天，选定吉日之后，棉头就提前三天到各村各寨通知全体族民，淋浴更衣，禁止房事。各家各户则提前备足当年要播种的棉花种子，装入箩筐之内。大祭当天，全体族民要踏着晨曦，带上棉花种子，抬着米酒、糯米饭，集中于主祭的棉头家中。除了主祭的棉头以外，还有两个陪祭，一共三人，他们先行来到黑棉花神坛前，面朝东方，燃起十五炷高香，同时焚化纸钱，向棉神祷告。

蜡染与蜡染纹样

　　瑶族服饰缝制前都要进行染色处理，染色是用蓝靛的嫩叶，经生石灰高温发酵浸出深蓝色汁液，然后将织好的白布投入汁液中反复浸染着色而成。如男女上衣、黑头巾、黑绑带、青裤等服装经过这样的染色处理后就直接穿用，但妇女专用的背牌和百褶裙还要增加蜡染

"长衫瑶"少女服饰

和刺绣等工艺程序。

　　瑶族蜡染的原料，是取自瑶山上一种特有的高大乔木树，瑶语称为"哥舅"的蜡染树。用斧头在树上按"品"字形向上砍开切口，让树流出一种黏糊糊的橙黄色树脂，下用竹筒接取，将树脂倒入锅内，掺上适量牛油，以文火煮熬，均匀混合后制作而成。制作蜡染布时，就用牛角刻制的蜡刀蘸着树脂牛油汁在白布上绘画传统的花纹图案，画好后将布投入染缸中漂染，上色后取出漂洗晾干，再用清水蒸煮，让树脂牛油液熔化脱落，白色图案即显现出来，就成了一张蓝底白花的蜡染布。

　　蜡染布制好后，瑶族姑娘们便用红、黄、蓝、白、绿五色丝线在图案上飞针走线，精挑细绣。瑶家刺绣是一项劳动堆积活动，一块一尺见方的背牌图案，刺绣时往往要耗费一个姑娘半年到一年的业余时间，即使是从早到晚赶制，也要一两个月的功夫。特别是瑶山瑶族的百褶裙，仅用来描绘图案的"哥舅"树脂就要耗费两斤以上。姑娘从七八岁就开始学刺绣做嫁妆，自己种棉、自己织布、自己养蚕、自己挑花，等把精美的百褶裙绣制满意时，自己已到待聘出阁的妙龄时期了。

　　在瑶乡，姑娘们人人精于蜡染刺绣，有句瑶族谚语："瑶山上找不到蹩脚的猎手，也找不到不会绣花的姑娘！"可见蜡染刺绣在人们生活中的地位和影响。荔波瑶族蜡染图案，随意性很小，传统化、模式化多，且图案多为高度抽象的、象征性的几何图形，很少有写实型图案，图案都有自己的名称，多是赋予了一定内涵蕴义的图腾画。

瑶绣

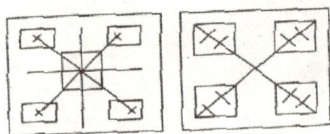

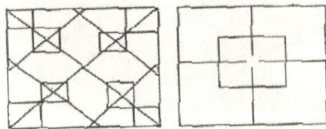

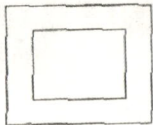

大回纹

主要纹样有十几种。

大回纹、小回纹。

大回纹、小回纹主要刺绣于背牌上，没有大回纹的背牌是绝对不能穿的，瑶山、瑶麓、瑶埃三支瑶族的背牌上全部都绘有大回纹。大回纹是由大地田园抽象而来，瑶族妇女称呼大回纹为"禾仓围"，称小回纹为"项圈围"，或称大小回纹为"大围马""小围马"。另一说法是由义优瑶王的方形印信抽象而来，是作为区别于其他民族的"族徽"，由此增强图腾信仰的记忆程度，希冀瑶王印信之灵永远庇佑降福于瑶家子孙。

五指纹。

五指纹绣于瑶山男子的白色短裤上，用大红或中黄丝线绣制，每条宽一厘米，上端用丝线交叉后收成须状。其功能与妇女背牌上的回纹祖先崇拜相同，相传是瑶王为捍卫民族尊严，带伤率队与外族官兵抗争奋战而留下的五指血印，是怀念先祖的辉煌业绩和不屈不挠的民族精神的象征。

人形纹。

人形纹见于背带花边、头巾、腰带、手笼套等装饰上，是生殖崇拜或是部落联盟的象征。在人形纹中，瑶麓瑶族还把"夵"称呼为"娥俺"，直译为"白裤瑶的孩子"，显然是对民族共同历史的美好追忆。每年农历六月"祝霞"供奉禾神时，通神的七个头人要分别穿上代表瑶山、瑶麓、

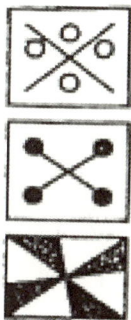

小回纹

五指纹

人形纹

瑶埃三支瑶族的白、青、灰三色服装，表示是三个部落的瑶人在共同祭神，希冀人丁繁衍、六畜兴旺、五谷丰登。

太阳纹。

太阳纹多绣于多幅裙上，是东方崇拜、太阳崇拜的象征。在瑶族中，太阳崇拜情感十分强烈，家中不设祖宗牌位，也不扫墓上坟，但逢红喜、节庆、起房造屋、出猎安坛等都要事先向东方供祭，向太阳祷告，祈求赐福施泽、消灾免难、风调雨顺、年丰物阜、六畜兴旺。只有丧礼或年节的大祭之后的小祭才向西方供祭。据说瑶族的保护神居于东方，东方是强壮之神、生命之神的象征。

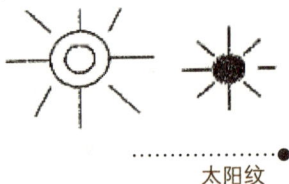

太阳纹

云雷纹。

云雷纹主要见于背牌的花边和多幅裙上，是雷神崇拜的印记。雷神，是主宰瑶族精神意念的大神，凡春雷初次响动，瑶族就要"接雷"，家家户户，一齐对天鸣枪放炮，表示欢迎。新雷响过之后，要"祭雷"，第一次祭七天，第二次祭五天，第三次祭三天，以后为一天，直到栽秧时结束。"祭雷"期间，任何人不准动土，更不能结婚嫁女。违者，由"活路头"任意进行处罚。有的瑶族村寨还以新雷响动为年节，全寨聚会，宴饮欢庆，预祝丰年。

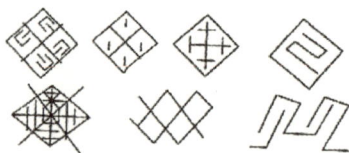

云雷纹

水浪纹。

水浪纹主要绣于手笼套、头巾、裙脚花边等处，是水神崇拜的表现。瑶族原先居河谷水滨，恐惧水神，后被逼进深山石垒，又祈求水神，感念水神。凡

水浪纹

久旱不雨，就要抬着狗，丢进深潭，让狗去通知龙王降雨；或用猴头枯骨投入水井之中，念动咒语求雨。在高山饮用古井泉水时，要结一草标先投入水中，然后再行饮用，以防水井枯涸。有人久婚不孕，就要在水井边"架桥"求子。

万字纹。

万字纹绣于背牌的衣边和多幅裙上，是双龙交媾的意象表达。瑶族畏惧龙蛇，有"见虎三年穷，见龙三年死"的俗语。凡遇蛇交媾、蛇蜕皮、蛇进洞等必吐唾沫于手心，或解带脱衣，以防灾祸。绣上双龙纹样，是为了祈求出入平安。

牛纹。

牛纹绣于手笼套、衣边上。瑶麓男子的上衣两腋下的侧襟缝角，要特意用布衬出硬角质形状，在肩部也要另衬，微微向上突起如肩峰状。瑶族老人过世，都要椎牛奠祭，并在灵柩上挂木质的牛角形"公椰板"，或在坟前的木桩上挂牛角，都是牛神崇拜的象征。

马纹。

马纹绣于背牌和裙上，是一种马神崇拜。在瑶族的消灾驱邪仪式中，要请马神相助，还要在中柱、厕门等处贴上马符。

鸟纹。

鸟纹绣于多幅裙、手笼套、腰带和瑶山男女上衣的前襟上方，男绣白色的长方形鸟图案，女绣红色的长方形鸟图案，左右两襟各对称绣制，是一种鸟图腾崇拜。瑶族的鸟图腾崇拜表现得十分鲜明、强烈。瑶麓女子胸前的项圈下，一定要挂六

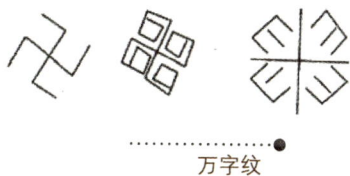

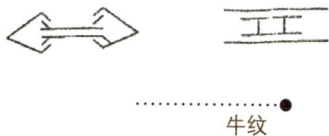

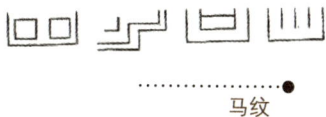

万字纹

牛纹

马纹

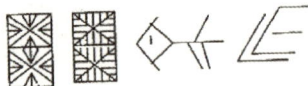

只银鸟；住房的瓦脊上要装饰一对相向的泥鸟；在红喜和节庆供祭的祈祷词中都有祝愿"鸡、猪、鸟满家"的词句；在年节中，老人通过听鸟的鸣叫来占卜年成丰歉。在瑶山，姑娘的全部嫁妆就是几穗谷种和一只未曾下过蛋的仔鸡，"押礼先生"在送新娘至男家门前时，要神秘地颂扬谷种和鸡（鸟）如何神通广大、繁衍生息，主家得了这谷种和鸡（鸟）种必定兴旺发达、万世昌盛。丧葬埋棺之前，必定要进行鸡卜测吉，然后才能下葬，最后还要在坟前木桩的顶上刻一只木鸟。此外，还有蛋卜，用鸡头作神判等习俗。荔波瑶族好猎，但有几种鸟是他们绝对不能捕杀的，如喜鹊、点水雀和乌鸦等。特别是乌鸦，据说谁开枪打了乌鸦，谁的枪就要坏掉，以后这支枪再也不能用来狩猎。

鱼纹。

鱼纹绣于多幅裙上，是鱼神崇拜的象征。瑶族先民早先聚居于樟江河谷一带，从事渔猎活动，自然就崇拜鱼神，后演变为崇鱼习俗。在瑶麓瑶族的丧礼中，有固定的"跳鱼"仪式，"跳鱼"之后还要将一条用木头刻制的鱼模型插在灵柩的"井"字架上作为先行神，指引亡灵路径，并随棺一起抬进葬洞中永久瘗存。

瑶族对安放棺枢的岩洞地址选择很讲究，一定要是下临河溪、上靠青山的绝壁洞穴才能用来瘗尸，充分表现了瑶族先民的鱼崇拜意识。

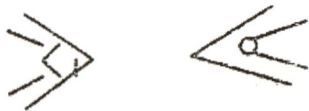

鸟纹

鱼纹

树纹。

树纹主要绣于背小孩的背带上，是一种树神崇拜的表现。瑶族有将小孩拜寄给大树，认树为父母的习俗，拜寄后即舍去原名而取名为"木生""木养""木高""木保"等；护寨神庙也都安设在古树脚或古树丫上，村寨附近的古树都封为神树，严禁砍伐。

树纹

铜鼓纹。

铜鼓纹绣于背牌和多幅裙上。铜鼓是瑶族的"重物"、"神器"、镇族之宝，十分神圣。丧葬椎牛时，必敲铜鼓，以通知祖宗神灵，启用和收藏铜鼓时，要分别由头人秘密举行接请和归送仪式。

铜鼓纹

苗族芦笙纹。

苗族芦笙纹又称"大苗花"，绣于手笼套和多幅裙上，是苗瑶联盟的记忆。

苗族芦笙纹

庙房纹。

庙房纹绣于背牌、头巾、腰带和多幅裙上，这是瑶族图案中少有的写实图案，出现了平滑的曲线运笔。图案多绘于背牌回纹的外围左右侧和下端，以及多幅裙的最边沿，腰带的两端，而无居中者。可以看出，这是较晚发展的纹样，瑶族称这种花纹为"杳"，显然是汉语"庙"的借词。

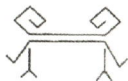

庙房纹

白云深处

是瑶家

　　瑶寨大多坐落于崇山峻岭之中，山高林密，道路崎岖，远离经济政治中心，与世隔绝，但却充满智慧与神奇。

● 神奇的瑶麓长屋 ●

　　瑶麓的长屋是一定历史时代的产物，它的起源无据可考，起始建筑年代也只能从传说、从建筑材料的选用和建筑风格、式样等推断。

　　传说瑶族古代不会造房，人们从四面八方被追赶到瑶麓坝子上来的时候，还不知道起房盖屋。覃家人先到，卢家后到。吃饭时，卢家人为覃家人点火把照明，覃家人认为卢家人心好，忠实可靠，就结拜为兄弟，共同开发瑶麓。后来朝廷招安，官军就驻扎在现由瑶麓通往打里寨的高台上，地名为"官包"，即官军、官府驻扎过的山包。
有匠人从广西来，他教瑶人造房，他上
坡砍来芭茅草秆，截成一节节的，然后
互相穿榫连接起来，做成了房子模型。
瑶人按照匠人的吩咐，从坝子四周砍来
格木，匠人穿榫打眼，盖成了现在的长屋。

长屋的柱子、穿枋全是格木做成的。
格木是喀斯特山区特有的珍贵树种，木
质细腻，十分坚硬，干格木犹如石块一

瑶族长屋结构

长屋呈长方形，一般长18米，宽6米，平分6等分，为楼上住人，楼下关畜的"干栏"式木房，每两间或四间房有一石梯上房。到20世纪80年代，这种长屋尚存84幢，住168户，平均每幢2户，最多的一幢住8户。

般结实，而且极耐腐蚀。瑶麓的成百幢长屋的所有穿枋柱子，全部都
是清一色的格木制作而成，能有如此巨大数量的格木林，可想而知当
时的生态环境一定十分完好。

长屋的柱子也十分特别，所有的房柱一律上大下小，即将树子颠
倒过来使用，树的根部安排在上，用于打眼穿榫，树梢着地。关于柱
子根向上，梢向下，瑶族的解释是：取其蓬勃向上，枝繁叶茂之意。
因为越向上越大，有如华伞一般。

长屋的建筑式样十分像军队的营房，一律呈规则的长条形。一般
为五间两厦或四间两厦，平均分成六等（七等）分的六间（七间）住房，
干栏式，下养畜禽，中住人，上挂禾把、苞谷与狩猎来的兽皮、兽牙、
兽骨及扛兽物进寨的大抬杠等杂物。

卧室是供小家庭住宿的，寮房是供待嫁少女住宿的，为了方便她
们在夜间同在房外守候的小伙子们悄声对歌，于是一律安排在房子前

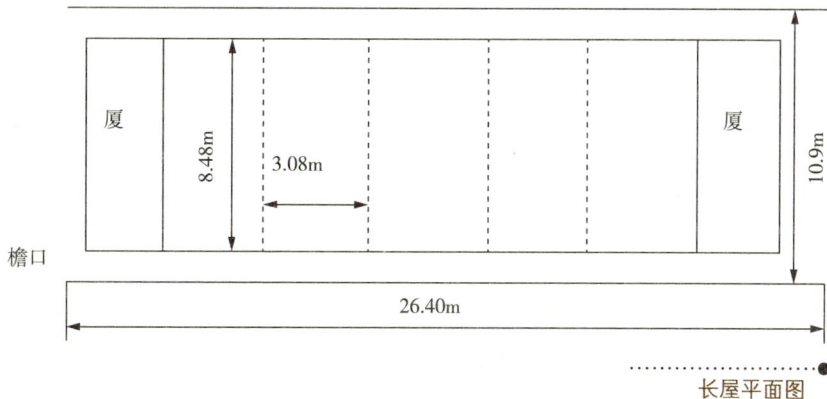

长屋平面图

长屋内分布图

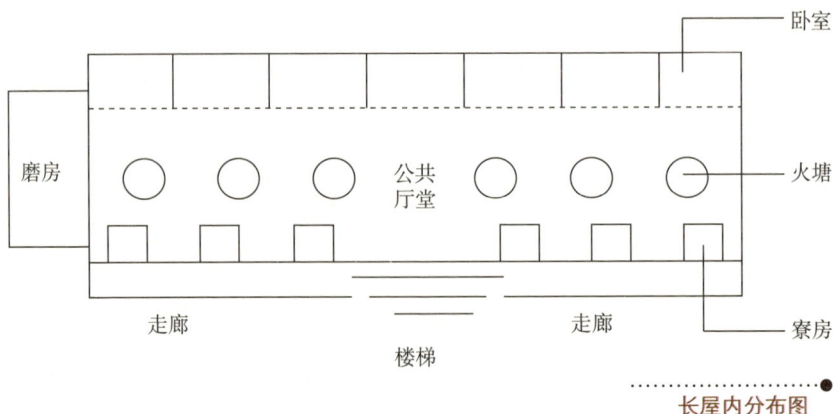

面靠走廊的地方。

　　瑶族长屋的厅堂一般都是共用的，长屋内住户一般不隔开，倘若每个小家庭是用木板单独隔开的话，那长屋内的所有板壁上就一定要留有一个一尺见方的小洞窗，关于"洞窗"，还有一个神奇的传说。

　　那还是民国初年，一群土匪趁着天灾，打家劫舍，一路血洗，瑶麓也在劫难免。一个阴冷昏暗的早晨，浓重的腥雾紧缠着瑶寨，尖厉的枪声撕破了长空！火光、鲜血、马嘶、牛叫、狞笑……

　　当匪徒们狂妄地叫嚣"瑶子！有胆的拿枪来比一比"的时候，"洞窗"发挥出了它特有的功用。通过"洞窗"，青壮年男子，有枪的上弹头，将弹头从"洞窗"一排排射出。这弹头可不是铅铸的，而是一种极其特殊的材料：炒干的水牛皮和炒过的干谷粒。原来，瑶人的枪法十分精湛，仅凭耳听，不用眼看，都是万无一失的。猎手们常常是在黑夜里借着猎物眼睛的闪光打中它。"飞鸟不过山，强人难过关"，半点都不夸张。但这里的瑶人最忌讳外族人死在自己的地盘上，这干牛皮，不会使人致命，但却是入肉见血能迅速膨胀，疼痛得跟生割活肉没有两样。

　　可想而知，匪徒们第一次领教这种钝刀子割肉的厉害，狼狈不堪。战斗结束，173头耕牛除一头失踪外，其余都在；衣服布匹、金银首饰也都对数；只是村头一间草房被烈火吞噬化为灰烬；一个瑶胞在黎明的甜梦中，被罪恶的子弹无情地夺去了生命。

　　从此之后，土匪咬牙切齿到处扬言：一定要踏平瑶寨！血洗瑶寨！但瑶寨却依然屹立，如同高耸的熊口山一样。

随着时代的发展，或许用不了多久，现在这种瑶家长屋就会被其他式样所取代，木结构会变成砖结构、钢筋水泥结构或者其他更高级的结构。但不管任何时候，不管设计师们的规划设计构想如何新颖、奇妙、独具匠心，都一定不能把这神奇的瑶家"洞窗"设计丢掉！

● 智慧粮仓 ●

瑶族惜粮如金，对于粮食的收藏独具匠心，而瑶族的粮仓也是多种多样的。

圆仓

在瑶山的村旁户外，到处是形状奇特的圆仓，形成了一道独特的风景线。

圆仓，呈圆柱形锥顶，顶上覆以茅草，尖顶捆扎装饰成宝葫芦形，有如北京天坛的宝顶。顶下是储粮的圆形仓库，四周用竹篾编成一个大的圆柱体，直径2米，高2.5米，形如大囤箩。圆仓开有一小门，用两块木板做成两扇简单的门，以便进出圆仓装粮和取粮，门板上系上绳子或是小圆铁环，以便将门扣系紧密，或用小棍穿于圆铁环之内，将门扣严。

粮仓

圆仓

凡收获的粮食,如稻谷、苞谷、小米、红苕、荞麦、黄豆、饭豆等用太阳晒干后,全都放进圆仓。

圆仓的底部用四根木柱支起,四根木柱之间空距为等距的、边长为2米的正四方形,圆仓的底部用木板镶拼严实,不使粮食下漏,不让粮仓受潮。

圆仓高离地面2米,仓下空旷通风,可使圆仓内粮食不易因郁热受潮霉变。在圆仓底部木板与托起圆仓的木柱的交接地方,每柱各用一个外表十分光滑的、高约35厘米、直径30厘米的上有彩釉的陶罐倒扣在柱顶部。有些不用陶罐的,就用四块光滑的、平的、薄的,边长在60厘米左右的四方石板代替,主要用于防止狡猾的老鼠沿着木柱攀爬进圆仓。这种建于村旁户外的圆仓,具有防火、防鼠、防潮等多种功用。圆仓之下,还是瑶族少女们互相传授、切磋学习刺绣技艺的好地方。

现在修造的禾仓,已将茅草顶改造成瓦顶,瓦顶呈"人"字形,四周用木板封围,代替原来的竹篾围席,防雨和防腐的性能大大提高,也无需翻修,仓容量也随之增大。

方仓

瑶麓的方仓也是建于村旁户外的附属建筑,仓四周均用木板装镶,打榫拉槽,加工级次高,密不透风。有些仓的外围,还有回廊圈围,回廊的栏是等距离的"目"字形。因瑶麓村寨地处山间谷地,地势较矮,通风不良,因此,收获的粮食不易干燥,于是就先行挂在方仓四周的"目"形栏杆晒干,然后入仓久藏。仓的四周加有回廊后,更增加了仓的防潮性能,回廊一般宽1米左右,雨难于飘到仓板壁上,因此使仓板始终保持干燥。

方仓采用瓦顶,因仓为四方形或长方形,四周还有回廊,因此瓦顶需四面兼顾,所以多造成六角形或八角形。

方仓高出地面2~2.6米，用6~8根圆柱支撑。

禾廊

禾廊，是瑶族村居的又一大风景线。

在瑶麓的村旁或户外大门的正前方，矗立着一排排高大整齐的禾廊。禾廊一般高6米，以两根杉木柱支撑，两根杉木柱间

滨水禾廊

用2～4米长的6根硬杂木穿连，形成一排高大的"目"字架，架的每格相距1米，架顶端上扣着一个"人"字形防雨顶棚，顶棚用杉木皮铺成，向两面倒水。

每到夏收和秋收季节，瑶族妇女就会将采摘的苞谷剥开，但不使叶全部脱离苞谷，而是将每个苞谷叶子倒捆成一小捆，叶在上，苞谷棒在下，垂挂于禾廊架上，层层叠叠，挂满整个禾廊，直至苞谷棒全部晾干，有空闲的时候或剥来吃时才取下。因此苞谷挂在禾廊架上长达一月或数月，金黄的苞谷，有的还间有红色、黑色、白色，在朝阳晚霞的辉映下，闪闪发光，煞是迷人。

苞谷收获过后，便有花生、摘糯、红稗、荞麦、高粱、红茗等品种，相继挂晒在禾廊架上，禾廊一年四季，少有空闲。

瑶族的圆仓、方仓和禾廊，全部建于村旁户外，无人看管，更用不着锁具，充分体现了瑶族社会内部的清平安定。道不拾遗，夜不闭户，入皆不敢为匪盗，出则不必加门锁，狗也只是狩猎时用，完全不必看家咬人，守望相助，古风古俗，至今未泯。

● 中华第一长席——瑶王宴 ●

在荔波县瑶山瑶族乡的"白裤瑶"寨，至今仍传承着远古遗风——"瑶王宴"。"瑶王宴"又被世人誉为"中华第一长席"，这是为什么呢？

原来"瑶王宴"又称"古葬"，是远古葬礼结束时的最终仪式。

中华第一长席

即凡是参加葬礼的同家族人，每户都要凑出一块木板或方桌、四斤米酒、四双碗筷、四个酒杯、四盘菜肴，全部集中来到寨子中央，摆成几十上百张木板或桌子的长连席，用以协助主家招待亲朋好友，大家一起喝酒唱歌聊天，场面十分壮观，参加"长席宴"的人越多，表示主人家的人缘越好。

随着时代的进步发展，这一古葬习俗又发生了很多变化。今天的长席宴也不仅仅限于葬礼，还被用到婚礼和各种节庆典礼，甚至用于旅游业，成为瑶寨旅游的一大亮丽景观。

长席对饮

● 千年保健话瑶浴 ●

瑶族重防病保健，重养生延寿，瑶族药浴是千百年来瑶族人民防病保健的巨方良法，是瑶族医药文化中的精华。瑶族药浴以瑶山上生长的瑶山枫、七叶莲、四方藤、五加皮、大发散、小发散、过山风、鸭仔风、穿破石等40多味草药配制熬煮，然后注入特制的红杉木桶中，人坐浴于木桶内，让药液渗入五脏六腑、达到祛风除湿、活血化瘀、排汗排毒、美容保健、防病治病之功效。

瑶浴采药

采药归来

百草入锅

瑶族药浴的功能有：

出汗、排毒。病人在用药浸泡5分钟左右，前额开始有汗珠渗出，这是皮肤汗腺分泌，皮肤毒素排泄的表现。由此可增强皮肤营养，促进皮肤新陈代谢。药浴后，皮肤变得细腻而有光泽。

促进产妇恢复。瑶族药浴还能促进产妇子宫收缩，活血止血，修复受损产道，消炎杀菌，促进产后恢复，并能有效防治妇科疾病。这也是瑶族妇女产后用药浴，三天能下地，能到田间劳作，却很少患妇科病、风湿病的原因。

止痒、防治皮肤病。皮肤干燥瘙痒者经药浴1～2次后，不但会感到原来干燥、粗糙的皮肤变得柔嫩，而且瘙痒难耐的感觉也逐渐消失，尤其对湿疹、皮癣、皮肤过敏等皮肤病效果更佳。

改善心脏血液的输出。药浴浸泡5分钟后，平均心跳加快10～15次／分，心脏血液输出量得到极大改善。

改善微循环。药浴浸泡后，甲襞微循环中的红细胞流速较洗浴前加快3～4倍，此现象可持续1～2小时，说明全身的微循环得到了彻底的改善。药浴后皮肤变红，尤其是女性浴后更加面色红润。

促进肠胃蠕动，健脾助消化。

浸泡中发现，平时很少排气的药浴者会在药浴中排气不断。说明药浴能促进肠胃蠕动，洗浴后肠鸣音加快变强，药浴后的排便自然会变得通畅。

消除疲劳，减轻肌肉疼痛。药浴能改善全身的微循环，使原来关闭的部分微循环开放，将废物运走，氧气养分运进，改善代谢，从而使疲劳消除，肌肉疼痛减轻。

易睡安眠。药浴是通过药物的渗透作用，使人主动出汗，不会有洗桑拿因物理热效应带来的干渴烦躁的感觉。浴后易入睡，且睡眠较深，有效改善睡眠状况，使肌体得到调理，消除疲劳。

祛病强身，延年益寿。药液在热能作用下，通过皮肤孔窍、穴位直接吸收药物，发生药理效应。明显改善气血循环，增强机体代谢功能，调节内分泌，起到祛风除湿，温经散寒，活血通络，行气消肿，消炎止痛等作用。长期药浴，健体强身，益寿延年。

瑶浴

PANWANGGEWU

盘王歌舞

LIANTIANQUE

连天阙

瑶族是一个能歌善舞的民族，2008年瑶麓瑶族乡被文化部命名为"中国民间文化艺术之乡"；"瑶族打猎舞"于2006年被贵州省人民政府列为省级非物质文化遗产；瑶山瑶族乡的"猴鼓舞"于2008年被国务院命名为"瑶族猴鼓舞"，列入第二批国家非物质文化遗产名录。

● 惟妙惟肖猴鼓舞 ●

"猴鼓舞"又称"老猴舞"。相传很久很久以前，一位瑶族老人在山上打皮鼓，用来驱赶老猴不让它们下山偷吃苞谷。起初，老猴还真被鼓声吓得不敢下山，后来见多了，也就不怕了。一次一只老猴看见瑶老敲着敲着鼓就睡着了，竟试探着接近瑶老，瑶老没有反应，还在熟睡，老猴好奇，就悄悄地模仿击鼓玩耍。瑶老醒来后，看见老猴在击鼓，感到十分奇怪，也不去惊动老猴，只在一旁装睡，一边仔细地观察老猴击鼓。只见老猴上蹿下跳，时击鼓心，时敲鼓梆，十分投入，鼓点鼓声，抑扬顿挫，十分优美，瑶老被深深地吸引住了。

回到村寨后，他召集众亲把他在山上看到老猴击鼓跳舞的精彩故事讲与众人听，然后架起铜鼓、皮鼓，凭着记忆，模仿老猴的动作表演起来。众人甚是称奇，并议定，今后就照老猴击鼓跳舞的动作，作为瑶家的传统舞蹈，世代传习。

起初，"猴鼓舞"主要用于丧葬敲铜鼓祭祀亡灵的场合，是祭祀活动的主要部分，意在调节丧场悲哀气氛，热热闹闹送老人归天和尽儿孙之孝。舞蹈由男子表演，鼓师（木鼓手）为该舞的主要舞者，也是全舞的指挥者。舞蹈分"单人""双人""集体"三段式进行。

跳舞前，首先由两位青年猎手持鸟枪朝天鸣枪三响，鼓师一人站在木鼓边摆动双手，擂响木鼓，此时全部铜鼓铿锵齐鸣。鼓师自奏自舞，此段称作"引子"。

猴状群舞

稍过片刻，铜鼓声戛然中止，鼓师双手持鼓槌，面对铜鼓手相击三次示拜谢，而后绕木鼓翩翩起舞。另有一男子跟在鼓师身后与鼓师一起一跳一蹲，模仿老猴取食攀摘姿态，粗犷敏捷而又刚劲有力，周围亲友们配合鼓手的表演发出一阵阵"唔唔"的呼喊声，气氛十分热烈。此段表演者自奏自跳，铜鼓声伴之。此段为双人表演。

鼓师站立于木鼓后擂鼓，七个或九个男子扛着或提着烂衣裤、披着破斗篷、背着斗笠在鼓师指挥下，踩着鼓点节奏，围鼓一圈。他们时而蹲下，时而站立，犹如跋山涉水一般，其余亲友则原地踏步，助兴助威，场面甚为壮观。

如今，"猴鼓舞"已成为瑶山旅游、节庆表演等活动中群众喜闻乐见的文化项目，列入国家级非物质文化遗产保护名录。

● 粗犷豪放打猎舞 ●

"打猎舞"瑶语称为"熟玖"，是瑶麓瑶族在隆重的丧葬仪式中，配合铜鼓、皮鼓跳的舞蹈。

舞蹈来源有两种说法。

一说是创造天地的母亲娲略铎传授的。她造树林，造房屋，驱赶凶禽猛兽，并与果略铎结婚生下三女，三女长大后，娲略铎即让她们各自出外谋生，大女儿扛着犁耙到平原去犁地耙田，成了现在的汉族；二女儿挑了一担书去读书，成了现在的布依族；三女儿则拿着娲略铎给她的一升小米，到山里开荒种地。当小米发芽了，野猪就来刨；小米分叶了，山羊就来啃；小米成熟了，麻雀、野猪就来

撵猪

吃。三女儿垂头丧气去见母亲。娲略铎对三女儿说："你拿铜鼓去敲，拿着木棍去赶吧！"三女儿照着去做，野兽逃跑了，鸟雀飞走了，小米获得了丰收。三女儿将小米放在舂臼里，用木棍舂杵，用簸箕筛选，去壳而食，在山里安居乐业。有一天娲略铎来看三女儿，三女儿就拿起木棍，

熊出没

请母亲在一旁敲击铜鼓，自己跳起驱赶野兽、获得丰收、舂米取食、安居乐业的舞来，以此感谢母亲。"打猎舞"就这样产生和流传下来。因为三女儿在山里成了现在的瑶族，所以"打猎舞"成了只有"青瑶"才会跳的舞蹈。

　　二说此舞来源于本族狩猎生活。瑶族曾长期处于原始社会阶段，其社会组织形式是"瑶老制"和"石牌制"，其生产生活方式一直保留着以狩猎为主的形式，有时为追捕一只野兽，往往要集合几十人甚至几百人，花上几天时间追赶一二百里。在狩猎中他们积累了丰富的经验，如每年霜降过后，狗熊往往钻石洞、卧树穴冬眠。瑶家猎手发现熊洞，并不急于猎取，而是用木棍伸入洞内挑逗懒熊生气，使熊胆膨胀增大，然后引其出洞杀之，就可得到珍贵的药材。久而

静待

久之，这种以棍逗熊的动作发展成打熊舞蹈，后来又产生其他舞段，形成了"打猎舞"。

以狩猎为内容，用于丧葬祭祀活动中的"打猎舞"，其表演形式为男子群舞，人数不限，但需偶数。全舞分为"打熊""打羊""打猴""打野猪""生产舞"五段，近似组舞结构，每段独立，可长可短。表演时舞者手握木棍，依据铜鼓、皮鼓鼓点的变化而随时变换动作。由于鼓点是根据不同野兽的习性和特点产生的，所以有着多种不同的节奏和不同强弱的声响，这也使"打猎舞"呈现出节奏紧凑激烈，强弱对比鲜明，舞蹈动作有蓄有发，张弛自如的特点。蓄时如伺机待扑之饿虎，发时如刹那腾空之猛禽。木棍击地，有山雨欲来之势；群起对击，似惊雷乍鸣。在这种不同的节奏中，表演者含胸屈膝以急剧的棒棍敲击之声为乐，以兴奋呐喊呼号为歌，做出各种力度强、跨度大、粗犷剽悍的"打熊""舂地""侧舂""上下击棍""跳抬击棍""打猴""打羊"等跳、跃、转、蹲、跑、挫动作，舞姿雄劲剽悍，舞步勇猛洒脱，队形变化复杂有序——时而一人在内，众人圆圈单人轮打；时而两层圆圈或双排对打；时而多层圆圈轮流交叉击打；时而成纵队头顶击打或形成人棍组成的洞穴，两人俯身击地来往穿梭棍洞之中。当舞蹈进入高潮，节奏猛烈加快，此时嘹亮的铜鼓声、清脆的皮鼓声及木棍相击声、舂地的回声、舞者"嗨嗨"的呐喊声，汇成了一曲气势磅礴雄浑的山韵，昂扬激越之情，扣人心弦。

"打猎舞"的舞蹈风格粗犷剽悍、拙朴雄健，以"悍美"独树一帜。这种风格特征贯穿于此舞的动律之中，主要表现在上身的前俯后

舂地

仰、双膝的屈伸起伏。蹲颤为其主要动律特征。由于下蹲型的典型舞姿，所以重心始终在中间，运步时力从脚下起至膝，再经过腰将力送至肩，然后再由肩将力压到脚跟，牢牢地踩在地上，形成下蹲、舂的姿态，配之以感情奔放的挥臂搏击、浑厚雄壮的呼号、热烈欢腾的场面，充分显示了粗犷剽悍、拙朴雄健的悍美风格。蹲与颤的动律来自于瑶族人民山区的劳动生活，不论是爬山越岭、负重行走，或舂米、立房，都是靠腿部的蹲与颤去保持劳动的持久性，双膝屈伸起伏成为劳动中的正常节奏。最有耐力的劳动者，往往是表演此舞的佼佼者。

自20世纪50年代起，"打猎舞"的表演已不单纯用在丧葬仪式中，在节庆、丰收、集会等多种场合也表演，且允许女子参加，它已日渐成为"青瑶"人民喜爱的、群众性的、自娱性的民间舞蹈活动。

跳"打猎舞"时，铜鼓、皮鼓伴奏，舞棍相击声响作舞。皮鼓一般只有一个，铜鼓则二面至十余面不等。演奏时以大皮鼓为指挥乐器，击鼓者必须是族中有名望而演奏技艺精湛又熟悉整个舞蹈的人。整个舞蹈节奏的快慢、强弱及舞蹈动作队形的变换，均由他统一指挥，每面铜鼓配备一个特制专用的木桶（称瓮桶），两人配合演奏，即铜鼓手站于鼓的一侧，一手用鼓槌击鼓心，一手持鼓棒击鼓腰。瓮桶手持木桶于铜鼓后面，木桶口与铜鼓口相对，随鼓声起落，纵送入铜鼓鼓腔并有节奏地前后来回抽动，使鼓腔内的空气传入桶内，发出洪亮多变的共鸣音。铜鼓节奏与皮鼓、木棍相击，节奏合拍。

欢庆

● 凿壁谈婚歌 ●

凿壁盘《金姨》

　　瑶族自古就尊敬女子，他们笃信每个女子都是伟大神圣的化身。瑶族女子一降世，就受到父母及长辈们的特别厚待，要为她备办首饰妆奁，教她精习刺绣技艺，教唱瑶歌《官笛》；年至及笄，就让她单独住进圣洁显贵的寮房。寮房是瑶家最好的寝处，是在"干栏"式吊脚楼上，紧靠正门的厢首，以喷香的红杉板围装而成。在临街面的板壁上，凿有一个小孔，瑶族称为"开笛"，汉语称为"青春孔""情侣孔"。"开笛"赋有神奇的魅力，瑶乡的友情、爱情大都受益于此，就连恋人们的柔情缱绻、山盟海誓都仗"开笛"增音传递，可以说，瑶乡所有的男性无一例外地都曾俯首帖耳拜倒于"开笛"壁下。

互探

　　每当夜阑人静，万籁俱寂时，"开笛"孔边就春潮激荡，情意绵绵。瑶家妙龄少女、青年小伙们就倚凭着"开笛"，隔着板壁尽情地唱心曲，盘《金姨》。

　　《金姨》是瑶家歌海《官笛》中的一条河，专属情窦初开的青年男女。《金姨》是一部既浪漫又充满瑶家哲理的洋洋大观的爱情歌剧，由《捞丢崽》和《捞久独》二大部合成。"捞丢崽"汉译为"朋友见面的6个时辰"，"捞久独"汉译是"你我双宿双栖的60年生活"。

　　入夜，瑶家小伙子们结队前往寮

寮房一角

房寻找心仪的姑娘，而静待闺中的窈窕淑女则靠着枕头，热情大方地同户外来访的后生们谈情。如若姑娘一时熟睡，小伙子们便抽取小棍儿轻轻插入"开笛"孔中，拨醒姑娘，唱《捞丢崽》。

经过对歌，姑娘认为小伙子快言快语，聪明伶俐，性格开朗，可以和自己白头偕老，共度一生，顿时芳心激荡。于是，主动对小伙子唱《讨花线》歌，用这一种形式向小伙子求婚。

如果小伙子是倾慕其他的姑娘而来，跟此姑娘倾听对歌不过是出于礼节，必然会对姑娘的"讨"委婉地拒绝，但不管小伙子对姑娘是否爱慕，都会向她回唱《赶给山》。后生们唱的《赶给山》是双关语，一是表示我会像其他后生一样，到佳荣集市上，为心爱的姑娘挑选美丽的丝线、手帕、毛巾之类的信物；二是我还会割些肉回来，待夜深人静之时，到姑娘家聚餐。这些活动都是极其秘密的，同龄人自不必说，就是对自己的父母也是秘密。而且后生和姑娘间都是单线联络，相互之间又是坚守诺言，严守秘密的。因此，一个姑娘可以同时跟多个后生联系，而后生互相之间很难知道这个秘密，即使以后姑娘结婚，她当年的秘密也绝不泄露，绝不揭丑。被一直蒙在鼓里的后生一直心甘情愿受蒙蔽，直到听到姑娘的断情歌后，才悄然自动离去。

据老人说如果提出姑舅表婚，那就一定要罚牛八头，钱三千文，

倾听

心有灵犀

而且牛全部要花牛，同时还要杀猪杀鸡杀鸭，猪鸡鸭的毛也全部要花的、白的，不能要黑的、黄的；全族人要吃酒吃肉，要从卯时吃到酉时，整整一天。

　　小伙子和姑娘若是真心相爱了，双方也不能立马确定关系，还要有一定的考验期。相互考验也是用对歌形式进行的，姑娘还要通过对歌来探明两人是否有血表亲缘。如有血表亲缘，必须忍痛割爱。

火塘选婿

　　火塘选婿即在火塘边选择女婿。瑶族青年男女谈情说爱，只能通过"谈婚洞"进行，这是瑶族几千年来的规矩，因此男女之间虽有真心，仍不能面对面地交谈。男女双方通过对歌互相考验后，基本可以确定对方是否真心。但此时姑娘的母亲和小伙还没有见面，因此小伙子还要和姑娘进行对歌，让姑娘把门打开，去拜见姑娘的母亲。晚上，小伙子约上几个同伴，悄悄摸到姑娘的"谈婚洞"边，用小竹棍把姑娘轻轻捅醒，轻唱《问喜》歌，经过"承诺""讨信物"等几个过程，姑娘料定他这是要交换定情信物了，就甜甜蜜蜜地回答："我这就来开门！"火塘边，一对恋人在互换信物：小伙子送给姑娘的是七色丝线，象征着他们之间的爱情就像七色彩虹一样美好；还有一块牡丹花手帕，表示他称羡姑娘如红牡丹一样美丽，象征他们的爱情崇高圣洁。姑娘回赠一对千针万线纳成的花鞋垫，表示爱情之路的漫长遥远，需要双方坚定不移地向前走；还有一双绣花手笼套，这手笼套十

恋情

分别致，它是用自织自染的土布缝成的，长四五寸，袖口宽约二寸，直筒形。手笼套上绣有水牛、太阳、人、项圈、水浪等花纹图案，配以黄、红、白、绿等各色丝线。

他们相互端详着信物，笑得那样甜，那样美！

"凿壁谈婚"是荔波瑶麓"青裤瑶"的婚恋礼俗。女子一降世，父母就为她筹备项圈银饰，年至及笄，就要让她单独住进寮房。寮房在"干栏"式吊脚楼门的厢上，是单独圈起来的房间，房间的门直通堂屋，并且临街面的楼梯边的木板壁上凿有一个小孔，小孔正对着姑娘床头，孔的直径最大不过一厘米，这个孔瑶语称之为"开笛"，意思是"朋友洞""恋爱洞"。凡进入恋爱期的姑娘，夜间便在寮房内透过这个小小的恋爱洞，同小伙子们结交朋友，摆龙门阵，联络感情，建立爱情，以至缔结婚约。

对镜梳妆

每当入夜，瑶家小伙们便结队前往寮房游方玩表，闺中淑女则靠着枕头，在房中热情大方地同一板之隔的户外后生们谈情。如若姑娘一时睡熟，小伙可用一根小木棍捅进小孔去拨醒姑娘，之后唱《捞什子》。如此哥往妹来，相熟之后，姑娘会在某一晚上打开大门，把相中的小伙子和他的同伴迎入屋内，燃起炉火，并用糯米饭和米酒招待。此后，被相中的小伙子会避开同伴与姑娘互换信物，姑娘可以单独邀请小伙子到家帮忙劳动，晚上又到小孔边交谈。如此三五个月或一两

情意

年，若姑娘觉得自己的嫁妆已准备齐全，对意中人的了解已透彻，就会唱《碗筷歌》。之后小伙子便叩开姑娘房门，将自己佩戴的银项圈赠与姑娘，姑娘则回赠小伙子一套全新的盛装。

小伙子收到这成婚的"大信物"之后，要将消息禀报父母，以便选择吉日良辰迎娶新娘。好日子通常是在更响五鼓，鸡鸣三次的寅卯时分。届时新郎和本家的一位兄弟一同到小孔边呼唤新娘，新娘开门将新郎等迎入屋内，此时，新娘的母亲要为女儿摆一桌少女宴席，并供奉祖宗神灵。饭后，新娘穿上新郎送来的新鞋新袜，带上自己随身换洗的衣物，向母亲辞行。母亲要为女儿撑开避邪红伞，送女儿出门。行进时，伴郎在前探路，新娘居中，新郎紧随其后，务必要在寅卯时之前赶到新郎家中。

进家之后，由新郎母亲接过红伞收藏，并将新娘领到石碓旁，在臼内放入烘干的糯米穗，新娘便使劲舂响瑶寨当天的第一响碓声，俗称"响碓"或"响房"。天亮之后，新娘在新郎房族姐妹的陪伴下挨家挨户去吃姐妹饭，第二天去吃认亲饭，然后回门，独自一人返回娘家。

法师夫妇

● 长鼓飞舞敬盘王 ●

长鼓，是瑶族人民心中的圣物，也是瑶族人民独有的民族器乐，从制作的材料、工艺，到使用的场合、时间、仪式等都十分讲究，这是为什么呢？故事得从盘王说起。

　　盘王是瑶族人民心中的始祖神和保护神，瑶人坚信，盘王高高在上，常住天庭，无时无刻不在俯视关注着下界的芸芸子孙。

　　在瑶族的经典古籍《过山榜》中，记载着这样一个传说：瑶族先祖原居住在一个地名叫"潮南"的海岸边，那里水草丰茂，沃野千里，山场辽阔，猎物充足，物阜民勤，风调雨顺，瑶民在这里安居乐业。

　　不料寅卯二年天大旱，兵匪横行天下大乱，瑶民无奈逃下海，七天七夜不着岸，更有乌云狂风起，海浪滔天船打转，十二只大船沉六只，剩下六船也危难，人们惊恐呼天喊地，师公焚香设神坛，众人齐齐跪船中，诚心诚意求盘王，承诺如若渡过海，子子孙孙敬盘王！祷告过后，顿时风平浪静，六船瑶民终于靠了岸！从此瑶民守诺言，世代沿袭还祖愿！

　　"还祖愿"，又叫"还祖宗愿""还子孙愿""还盘王愿"，瑶语称之为"育棉做堂"或"做翁嘿"，是瑶人一生中的头等大事。先要"交愿"，又称"许愿"，然后是"还愿"。

　　所谓"交愿"，是瑶人家中每遇收成不丰、人丁病痛、六畜不旺、做事不顺，经反复卜卦测出是祖宗责怪、天神迁怒的结果时，就必须做"还愿"法事，这样才能消灾免难。如若此时正值家庭经济拮据，需待些时日才有能力"还愿"的话，就得"交愿"，要把原因向祖宗

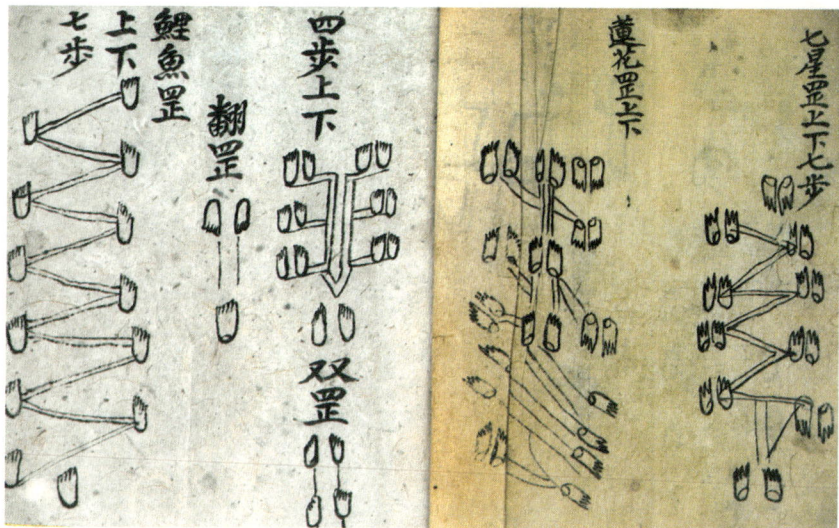

盘王罡步

交愿

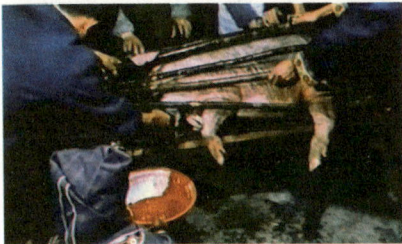
杀愿猪

和天神解释清楚。"交愿"仪式只需请一位法师，并准备两头小猪作为牺牲供品，费时一天一夜。交一次愿，最多能管三年。三年之后，人丁安康、六畜兴旺、家境好转，就必须"还愿"。

如若三年之后，灾祸仍未除，就是祖宗不肯原谅，必须马上"还愿"，但若此时家境仍贫困，无力"还愿"的话，还可以再"交愿"一次，但一个瑶人一生中只能"交愿"两次。不论是否"交愿"，瑶人一生中都必须做一次"还愿"法事。如此才被盘王承认是其子孙，死后亡灵才能升天、上神龛，享受人间烟火。

"还愿"法事仪式繁复，费时冗长，花费巨大。其程序大体可分为几个步骤：

喂"愿猪"。

"愿猪"又称"神猪"，必须是两头，一公一母。这两头"神猪"必须单独饲养，不能与别的猪混养。"神猪"饲养前，要先行禀告家先神灵，请求暗中照护，让猪快快长大。"神猪"饲养时，不能打骂，不能让外人知道，家中再困难也不能将"神猪"出卖或转让，甚至连想的念头都不能有，更不能谈论"神猪"的生长快慢肥瘦大小。

"送盐信"。

"愿猪"喂好后，主家便择吉日"送盐信"。用粽粑叶或菜叶包上一小包食盐，去到法师家，径直将"盐信"置于神龛上。法师见到"盐信"，就知来者意图，便相互共商"还愿"日子，一般选择"未"日，即羊场天，或"卯"日，即兔场天。

择好日子后，主家打豆腐、酿甜酒、烤烧酒、包粽粑，备足粮食、蔬菜和饮用水。因为"还愿"期间主家不能挑水和倒水。酒要专门烤制两坛，一坛祭家祖，一坛祭盘王和天神。这两坛酒要秘密烤制，不能让外人知道。酒烤好后要严密封实，不能打开品尝，要收藏在神龛后的小屋内，待到"还愿"设祭坛时，才搬出来置于供桌之下。

主家"还愿"时，亲朋好友们都会来帮忙，杀猪杀鸡杀鸭。"愿猪"在仪式中不能食用，须待整个法事结束后才能食用。在整个"还愿"法事中，主家要忌食荤腥，须待法事结束后才能开荤。

"还愿"法事的司仪人员中，法师三人：掌坛师、祭宾师和赏宾师；厨师二人：一男一女；"师青"拜愿童男童女各三人。掌坛师主持整个法事，祭宾师和赏宾师为其助手；厨师全权负责饭菜、祭品、柴米油盐、后勤供应；"师青"六人为歌手；主家只管招呼客人，不再过问食宿供祭等杂事。

"愿猪"宰杀有一套独特仪式，"愿猪"必须由厨师在堂屋中宰杀。宰杀前，先用细木棍和竹篾编扎一个圆锥形的套笼，也有的用麻绳编织成套笼，意为再现当年在瑶山上捕获野猪情景。宰杀时，第一只"愿猪"溅到地上的血迹要用灶灰掩盖好，以免与第二只"愿猪"的血混淆，表示杀的是两头"神猪"。

法师则忙于准备法事所用的纸马、小旗、疏表文牒、圣像、铜铃、师刀、瑶家特有的长鼓——梓木羊皮鼓、铜锣、牛角、铁杖木刀、木斧、头帽法衣等物件。

驱逐恶鬼

送瘟神

设坛请圣

欢送盘王

　　"还愿"法事包括设坛请圣、上疏表、问仙、审恶鬼、驱逐恶鬼、接家先、挂灯升职、请盘王、送盘王等步骤。

　　在进行还愿活动时，必跳"长鼓舞"。"长鼓舞"有一人独舞的，也有多人合舞的，边舞边唱。舞者赤裸上身模仿瑶家深山伐木动作，再现长鼓制作过程，如砍伐、划墨线、推刨、蒙羊皮等全套动作，完整再现了盘王上山狩猎，不幸被羚羊触下悬崖丧生，子孙们在悬崖脚下的梓树丫上找到盘王遗体，并砍倒梓树，制成长鼓，又打死羚羊，剥下其皮当鼓面，敲鼓唱歌，哀悼盘王的故事。

　　"长鼓舞"的握鼓手法分阳手横鼓、阴手横鼓；阳手直鼓、阴手直鼓；正竖鼓、反竖鼓；上阳斜鼓、下阳斜鼓；上阴斜鼓；下阴斜鼓。

　　"长鼓舞"的鼓花分竖莲花、平莲花、斜莲花、莲花盖顶。

　　"长鼓舞"的步法有上蹲步、右点靠步、丁点步蹲、马步蹲、剪刀步、拐腿蹲。

　　"长鼓舞"的程式有走三台、走鼓、跳鼓、游鼓、穿堂、停步。

　　"长鼓舞"的常用套路有建造舞，制长鼓，舞鼓，仿花舞，仿锦鸡画眉，仿鲤鱼、青蛙、山羊，生活舞，祭祀舞等。

　　舞蹈动作粗犷大方，节奏复杂多变，欢快诙谐，刚劲有力。

　　"长鼓舞"跳罢后，整个歌舞活动才宣告结束。这时，主家所有已婚男女全部蹲于堂屋中央，掌坛师则绕着主家画符念咒语，并在每人背上贴一张黄色条符，称为"护身符"，主家则恭敬虔诚地祈求盘王赐福保佑。最后，掌坛师将刻有"太上老君急急如律令"的图章一一赐予主家，称为"赐老君印"。赐印时，主家须跪着接印，法师又念一些吉祥的赠言，主家接印时，要回赠法师一份礼物或红包。最后三个法师走出大门，面向东方高喊："家主声声还良愿，卦头落地保人丁！"接着吹响牛角，将盘王和天神送回天

伐木制鼓舞

堂，整个法事仪式到此结束。

法事结束之后，主家才开荤吃肉。祭祀用过的两头猪，猪头分给掌坛师和祭宾师各一个，猪腿分给男女厨师，还要砍出 20 多块，每块重两斤左右的猪肉分给众位帮忙者及法师、厨师等，剩下的肉全部用来大宴宾客，一两都不能留。酒席上尽管吃饱喝足，吃剩的东西一律不许带走。在整个法事仪式中，对吃饭的餐桌很有讲究，法师的餐桌设在堂屋里，桌子一部分是长条形的条桌，一部分是小四方桌，此时的桌子不能叫"桌子"，要说成是"船"。第一天横着摆，第二天要竖着摆。进餐时，主家中年长者作陪，两个厨师站立一旁添饭、加菜，斟酒伺候。餐桌上的食品由掌坛师象征性地夹一筷让厨师先尝，法师们方可食用；法师先吃之后，其余宾客才能围桌进餐；法师们的餐桌进餐人数六至十人不等，但不论谁先吃饱都不能随意离开餐桌，要等掌坛师吃饱之后，大喊一声"扯萝卜"，众人才一齐离席。还愿法事中吃剩的东西不能倒丢，一定要存封起来，但剩余的肉不能腌制。

如此纷繁冗杂的禁忌礼俗，充分再现了瑶族先民的生活、生产及尊卑伦理秩序观念，以及瑶族人民的核心价值体系，这对于瑶族历史、文化、经济、社会等研究具有不可估量的作用。

刀梯前起誓

YUSHENYUREN

娱神娱人

YAOSHANLE

瑶山乐

正月瑶山“陀螺节”

过大年，是瑶族人民的重大节日。从农历正月初一到十五，瑶族都要敬祖先、敲铜鼓、吹牛角、“擂山”打猎、走亲访友、相互祝福，其中尤其重要的活动是赛陀螺，因此，瑶山瑶族又把大年称之为“陀螺节”。

陀螺，是瑶族男子十分钟情的一项健身娱乐活动，他们从孩提时就玩小陀螺，人长大陀螺也不断增大，逢年过节玩，走亲访友玩，不仅小孩子们玩，青年人玩，甚至壮年、老年男人都兴味浓烈地玩。玩陀螺成了瑶族群众日常生活的一部分。特别是春节，从正月初一开始，赛陀螺序幕拉开，比赛一直紧张激烈、持续不断地进行着，直到正月十五，过完大年产生出当年的瑶山陀螺“明星”为止。每年的新春正月，村前寨后的田园旷野上，到处是赛陀螺的人群和从四面八方汇集拢来的男女老少，参加人数之多，规模之大，人们情绪之激昂，没有任何活动可与之相比。

陀螺，是用瑶山上最硬的油茶木或青冈木做的。制作时，要将油茶木或青冈木锯成三四寸长的木节，然后用柴刀斧头将木节的一头削尖，再在尖端处钉上一枚钢钉，作为陀螺的脚尖。陀螺的上部削成平滑顶部，有的还画上五颜六色的花环。陀螺的腰部刻成木槽，用一根如同筷子般粗细的五尺多长的构皮麻绳绕在槽内，绳子的一头勾在手指上，比赛时，用力脱手甩开旋放，陀螺便在地上旋转，发出有如飞机螺旋桨搏击蓝天白云时的"嗡嗡"声响。

瑶山陀螺，有的粗大如碗，有的细若小酒杯，有的重量超过1.5千克，有的能在手掌心上旋转，有的在地上自转时间长达十多分钟。

玩陀螺，可以是一人玩，众人观看；也可以是多人玩，互相比赛。可以分组玩，也可以不分组；分组人数可以相等，也可以不等。如三人分组，可以是一人一组或两人一组。若是比赛单放，则看谁的陀螺放出后旋转的时间最长，时间长的获胜。若分组比赛，就要划出一定的界线，限定在一定的范围内，参加比赛的小伙子们都站在划定的圆圈内，把自己的陀螺立在地上，尖脚朝下，

旋陀螺

进入赛场

瑶山陀螺

瑶山陀螺，曾于1994年代表黔南布依族苗族自治州参加贵州省少数民族运动会，荣获团体第一名。瑶族选手韦全华、谢友明分获个人第一名和第二名，并代表贵州省出席全国少数民族运动会。1998年在贵州省少数民族运动会上，瑶山陀螺队为黔南自治州夺得3块金牌，2003年在全国少数民族运动会上，瑶山女子陀螺队荣获女子团体第3名，2004年11月，贵州省民委、体委、教育厅正式批准建立荔波中学和瑶山中学陀螺训练基地。2006年，贵州省政府将"瑶山陀螺民间竞技"列入省级非物质文化遗产名录。2007年在广州举行的第八届全国少数民族传统体育运动会上，由瑶山运动员组成的贵州省代表队一举夺得男子团体冠军、女子团体第5名和男子个人第3名，2011年在贵阳举行的第九届少数民族传统体育运动会上，谢友明等贵州代表队夺得金牌。

大头朝上，左手掌陀螺，右手扶绳子。当裁判一声令下，小伙子们便迅速拉动绳子，陀螺原地旋转，如果谁的陀螺自己停止转动或被撞停，谁就算输。还可以是用击打法进行比赛。比赛时，一方先放旋陀螺，另一方再放出自己的陀螺去击打对方的陀螺，击打中者为胜。打不中时，双方交换旋放秩序，第一轮先放的人换成后发的击打方的人，而第一轮后放的人变为先放，变为被打的一方，依次轮流，累积打中次数多者为胜利者。

牛角长号

迎宾

瑶山陀螺比赛时，观众成百上千，瑶族男女老少都来围观。赛场上，陀螺的撞击声清脆激烈，观众的喝彩声此起彼伏，场面异常壮观热闹。

青年男女们则利用赛陀螺的机会进行社交活动，他们在活动中相互结识。傍晚，在回家的路上，村头寨尾，三五成群，互相谈天对歌。对歌活动一直进行到深夜，许多青年男女通过对歌，产生爱情，结为伴侣。

瑶山陀螺，已成为少数民族运动会的竞技项目。如今，旋转的陀螺不再是固定在历史的路标上的自娱自乐的传统文化，它已成为驾着改革开放春风，把瑶乡人从封闭的山里引向山外旋转世界的桥梁。

● 瑶麓"糯卯节" ●

"卯节"，瑶语称为"糯苗"，时间是农历六月，如果这月有三个卯日的话，就选中间的卯日，如果是两个卯日，就过第一个卯日，闰月过最后一个卯日。但不管过哪个卯日，一定要想办法避开

"丁卯"，因为人们认为"丁卯"属火，害怕由此引起的旱灾、虫灾等。若确实避不开，就要处处提防小心，直到过完一年。

过"卯节"，一是为了庆贺栽秧播种全面结束，预祝丰收；二是为了休整小憩，养精蓄锐；三是祈求祖娘"娲霞"降福瑶族，保佑风调雨顺，消灾除难，五谷丰登。整个卯节，前后持续二十多天，分两段进行，第一段为欢庆栽插胜利，第二段为虔诚祈求降福。

过"卯日"时，全瑶麓要休息三天，家家磨豆腐，蒸糯米饭，烘花生，买肉打酒。小孩子、小伙子、姑娘们都换上节日盛装。

正卯日，亲戚朋友们相邀到各家的田边地角，先向东方摆上酒肉饭菜，供祭片刻后，就近选较为平整宽敞的地方，围坐在一起，共进野餐。

各家的田祭完后，姑娘和小伙子们则成群结队，到处"查田"，所到之田，都插上一根芭茅草。附近的水族、布依族、汉族也都邀请瑶族青年们去"查田"，并分赠糯米饭、酒肉等以表谢意。据说凡是瑶族"查"过的田，禾苗长得好，人畜无灾病。

瑶麓卯节是怎么来的呢？据说是为纪念一对名"寅"和"卯"的男女"农神"。

相传远古时，有一对瑶族兄妹，父母双亡，孤崽寡女，无依无靠，粮食短缺，生活困难。春天播种时，别人家满田满坝撒谷子，兄妹俩没有多的谷子，只撒了一小块。那时人们还不知道水稻可以移栽，只知道撒播。兄妹俩的田，大块大块的没秧苗，他们感到很可惜，就把那一小块田的秧苗慢慢匀出来，栽到空田里去，栽得很仔细很认真，一蔸对一蔸，一行对一行，均匀得很，结果兄妹俩的稻田比别家的好。

兄妹俩没有水塘，没有地方喂鱼，又把鱼苗放在田里喂

神坛古树

养。鱼在田里寻食，吃掉了杂草、小虫，也翻动了禾苗的须根，加上人去捉鱼，又把杂草踩进泥里。鱼儿屙屎在田里，又能肥田。因此，兄妹俩的禾苗长得格外茂盛。

一天，一个名叫"寅"的青年小伙子和一个名叫"卯"的姑娘来到兄妹俩的田边，看到这里禾苗长得特别好，于是就插上标记，也就是现在人们插的芭茅草。他们逢人就介绍兄妹俩的经验，后来，大家都向兄妹俩学习，才有了插秧、薅秧的习惯。人们为纪念"寅""卯"的功德，便仿照"寅""卯"的做法，每年插秧上坎后，到处"查田"。天长日久，相沿成俗，演变成为"卯节"。

过"卯节"时，寨老们要筹划供祭"娲霞"事项，推算吉日。吉日一般选在卯节后的第十三天到第十五天内，日子选定后，就由寨老事先通知各家各户。祭"娲霞"之日，天蒙蒙亮，寨老就召集各村寨各家族头人，集中于寨门外的祭坛上。三位寨老，一人穿白衣白裤（与瑶山现行服装近似）、一人穿灰衣灰裤（可能是瑶埃瑶族过去穿的服装），还有一人穿青衣青裤（现在瑶麓瑶族穿的民族服装）。他们站在祭坛的中央主祭，外围是七个头人，最外层是各寨来帮忙的头人和代表。主祭的三人中，一人先将一头事先挑选出来的最老的老母猪捆着牵到现场，绕祭坛中的一棵古树转三圈，然后就地杀死。之后，三位寨老就地支起三块石头，架起锅，点燃烟火，从水井舀来第一瓢水，

瑶乡喀斯特峰丛

倒入锅内烧开，第二层的头人即帮忙把猪送到各寨代表那里，开膛破肚，割取少许母猪肉，再由第二层的头人交给主祭的三位大头人。三位大头人将肉煮熟后，即开始供祭"娲霞"。三人面朝东方，摆上五只碗、五对筷子、五团糯米饭、一盆一大整块的母猪肉、斟上五杯酒，然后祈请"娲霞"保护瑶民人丁兴旺、六畜满圈，特别是五谷丰登，消除病虫害。祭祀后，三人与"娲霞"同吃五谷和老母猪肉。

祭祀是极其庄严肃穆的，届时所有其他活动都要停止，所有寨门都要人把守，禁止出入。村内不准生火、抬水，小孩不准嬉闹。不准任何人到祭坛边围观，违者要受重罚。人们一直要等到祭坛上烟柱升起，近处的村寨就以祭坛烟火为号，烟火过后，估计"娲霞"已经吃饭了，才能抬水做饭和在寨内走动。远处的村寨则专门有人传递信号，通知"娲霞"已经吃过饭了，于是才解除禁令，恢复正常活动。

供祭后的第二天或第三天，主祭人指定人到瑶麓所有地界的边缘，特别是有人常走动的地方去插旗子。旗杆用竹竿或长硬杂木杆做成，顶部的叶子不去掉，还套上一束用白棉纸做成的旗，竖立于边界上。由于旗杆较高，白旗又明显，因此，附近的群众都能清楚地看到标志，知道瑶麓人已经祭旗了，也就不敢贸然入境了。

糯稻收获季节

● 欢乐的"糯考节" ●

糯考节，是人们品尝新糯饭的节日。节日里，家家要用新采摘的糯米蒸成熟饭，敬奉谷神，姑娘们则要举行一年一度的别开生面的捕鱼活动。这一习俗，来源于一个神话传说。

相传远古时候，世上还没有糯谷，人们住的是岩洞，吃的是野果，穿的是树皮，经常忍饥挨饿。人们的哭号声，惊动了上天，神仙们纷纷上奏雷公大王，请求拯救下界众人，但遭到了雷公大王的怒斥。雷公大王的第六个女儿，略铎姑娘心地善良，怜悯苍生，她瞒着父亲，偷偷逃出天庭，将谷种带到人间。

当她飘降到瑶家时，正好男人们都进山围猎去了，只有妇女和儿童在家，略铎姑娘就将谷种交给妇女们。略铎姑娘见瑶人们住的是岩山，不宜糯谷生长，就吩咐她的神鸟把瑶人驮到水土丰饶的地方，并亲自教妇女们栽种糯稻。可是神鸟却为此受了伤，失去了功力，这可急坏了瑶家妇女们，她们得知鱼可以使神鸟恢复功力时，就都一齐跳下塘去捕鱼捞虾来喂神鸟，神鸟果然恢复了神力。略铎姑娘十分感念瑶家妇女的纯朴善良、勤劳勇敢，就更加荫佑瑶家，从此人间风调雨顺、谷丰物阜、生机盎然。

于是，略铎姑娘就被瑶家奉为谷神，尊称为"娲略铎"。每年新糯成熟，人们都要择选吉日，举行隆重祭祀，恭请娲略铎品尝新糯，祈望人丁兴旺、

●
神鸟图

●
赛花

消灾降福，年年风调雨顺，岁岁五谷丰登。

"糯考节"这天，家家都要到自己的田中用摘刀细心地摘下新糯穗，在火炕上烘干，舂成白米，蒸成香喷喷的糯米饭。倘若有的人家一时无成熟的糯谷，也要采摘一二穗新糯穗，连叶带草掺和着原有的旧糯米一起蒸煮，表示也是新糯米饭。家家还要烤米酒磨豆腐，杀猪宰鸡，大人小孩都穿上节日的盛装，人们兴高采烈地相互宴请，恭贺佳节。姑娘们更是兴奋不已，因为按照瑶家规矩，从开春糯米种子落土的第一天起，就禁绝谈情说爱，不准吹箫、拉单胡（一种瑶族独有的乐器），不准游方唱歌，不准结婚嫁女。只有在欢庆了"糯考节"之后，寂寞难耐的日子才算宣告结束，炽热的青春欲火才可以自由燃烧。她们一个个犹如囚笼久困的小鸟冲出樊笼，欢欣雀跃。她们一个个头梳高唐髻，插上银燕簪，颈戴银项圈，胸前系银鸟，手上带银镯，身穿崭新绣花裙。一个个银光闪闪、花枝招展，犹如一朵朵盛开的牡丹花。她们成群结队、游村玩寨、尽情说笑，把小伙子们逗惹得心花怒放，竞相邀请她们到家作客。姑娘们则有求必应，有请必到。到家必定要尝尝新糯米饭，再恭维几句吉利话，引得哄堂大笑，给节日的瑶寨增添了无穷乐趣。

中午，红日当空，阳光普照，姑

妇女围渔

起网

渔获

瑶麓 "迎喜神"

　　"迎喜神"是中华传统喜文化独特的民间习俗，通常在农历12月24日送神过后，一直要到大年初四才再迎接诸神的到来。

　　瑶麓"迎喜神"传承传统喜文化的"笼旺火迎喜神""击喜鼓祈平安""祭通宝祈好运"等民俗三大主题庆典，构成了瑶麓独具特色的"迎喜神"特色民俗。

天禧通宝

　　娘们一个个渔翁打扮，人人腰上系着鱼篓，扛着搬罾，只听捕鱼头人一声令下，就一齐跳入没腰深的大水塘中，开始热闹非凡的围渔竞赛。这时，瑶寨里万人空巷，大人小孩云集塘边，围观姑娘们抓大鱼，为姑娘们呐喊助威。

　　每当塘中一条大红鲤鱼突然惊飞水面时，就像是点燃了大年三十夜的烟花发射筒上的导火线一样，天上地下一片欢腾。只见姑娘们拼命地追逐着、挥舞着，拉搬罾的姑娘飞快地起网，有的来不及拿工具，干脆赤手空拳地飞奔追赶。满塘的姑娘都不约而同地挤拢到一堆，大队人马一会儿追到塘头，一会儿追到塘尾，有的被泥水呛咳了，有的被大鱼扳倒了，有的从头湿到脚，成了落汤鸡，有的滚成了泥人，但谁也顾不上整妆，眼睛只死死地盯着大鱼，拼命地追赶大鱼。姑娘们在塘中拼命地追鱼，围观的人们在岸上忘情地大声呼喊，水声、喊声、欢笑声，响彻云天。这些声响惊得满塘的大鱼小鱼晕头转向、飞蹦乱跳，让人们眼花缭乱，分不清哪里是鱼跳，哪里是人跃，哪里是水响，哪里是呼声，把丰收佳节的欢乐气氛一下子推向了最高潮。

　　那些捉到大鱼的年轻貌美的姑娘成了人们交口称赞的巾帼英雄，理所当然地也成为小伙子们热烈追求的对象。

　　近年由于乡村旅游的发展需要，

经过对原有民俗文化内涵的挖掘整理，已形成了"熟霞节庆古遗风祈福纳祥铳冲喜"、"加冠及笄守正礼熟霞树下庆四喜"及"正月初四迎喜神祈求岁岁行好运"的两节一庆典旅游项目。

熟霞节庆古遗风　祈福纳祥铳冲喜

"冲喜"是中华传统喜文化固有的民俗，"祈福纳祥"是冲喜的目的，民间在端午节用不同形式的冲喜方式祈福纳祥。在熟霞树下分食祭品、祈福纳祥、铁铳冲喜是荔波瑶麓千年传承的原生态传统民俗，每年端午节，人们都要在熟霞树下，用铁铳冲喜祈福纳祥，分食祭品，祈求平安。

神圣的霞树

加冠及笄守正礼　熟霞树下庆四喜

瑶麓每个男孩、女孩16岁成年加冠及笄时，家长就要为男孩配一支枪，为女孩配一张网；家族的长老在男女孩加冠及笄后就要告诫他们怎样做人。荔波瑶麓有史以来没有离婚的案例。其传承千年的"阴阳铁铳"庆典人生四喜的"加冠及笄守正做人庆典民俗、红鸾天喜祈缘还愿庆典民俗、缔结良缘喜毓（育）儿女庆典民俗、修身立业联谊喜庆民俗"是中华传统"四喜文化"和"四喜幸福观"的典型代表，不仅值得传承和弘扬，而且具有现实意义和推广价值。

瑶麓每家每户都有铁铳，人们将古老的火铳称为"阴铁铳"，主要用于各种庆典，以及纪念母系氏族时期人们征

加冠及笄庆典

铁铳冲喜

服自然和让人类得以繁衍；人们将现代的铁铳称为"阳铁铳"，主要用于各种庆典，以及纪念父系氏族时代人们征服自然和让人类得以繁衍。只有在进行重大庆祝活动或者庆祝人生四喜或者祈福纳祥冲喜时，才用"阴阳铁铳"。瑶麓的"阴阳铁铳"庆典演绎了人类从母系氏族到父系氏族到渔猎农耕文明到现代文明的进程史。

冲喜节上

● 神圣的"盘王节" ●

瑶族"盘王节"是瑶族人民纪念祖先、传承瑶族文化、缔结美满姻缘的盛大传统节日。节日里，人们身着盛装，载歌载舞，蒸熟喷香的糯米饭，酿造清纯的米酒，杀猪宰羊，打开寨门家门，迎接远亲近邻，唱《盘王歌》《迁徙歌》《历史歌》《生产歌》《爱情歌》《放花炮》《打花棍》，跳"长鼓舞"，请戏班唱戏，"挂灯""做堂""度戒"，隆重庄严，热闹非凡。

"盘瑶"盛装

节日盛装

节日里，姑娘们一个个头顶"盘王妆"，打扮得如花似玉，亭亭玉立。"盘王妆"两角高耸，鲜艳的瑶锦覆盖其上，一串串五彩珠玉垂挂正前方，雍容华贵。

　　"盘王妆"底部是用二尺长的薄薄杉树板铺设，高耸的两角用牛皮或构皮造型而成，然后用线固定在板上，板下再套一个圆形的构皮圈，以便于固定在头顶上。因为是用木板为基材制作而成，于是这一支系的瑶族就有了一个相应的称谓"顶板瑶""板瑶"。

　　在戴"盘王妆"前，头部先用一长条白底的花头巾缠住，外面再用一黑色绣花头帕缠绕，胸前围一条镶嵌着数十枚大大小小银牌的兜肚，上身穿对襟无扣无领黑色绣花衣，两袖及两襟的花色十分耀眼，特别是两袖处，从腕口至腋下全部都绣满花纹。

　　腰缠宽大的青色花腰带，于身后交叉系结，长长的须丝垂挂至小腿肚。下身穿长条形五彩裙，腿缠青色绑腿，用五彩细带系牢，脚踏麻花草鞋。

　　青年小伙儿们一个个英姿勃发，身穿崭新的青色紧身衣裤。法师及信男们则身着红衣红裙，头戴"独令帽"，腰系彩带，手摇铜铃，脚踏粗犷肥大的草鞋，古朴豪爽。

瑶乡春色

节日饮食

瑶族"盘王节"的饮食文化内涵十分丰富，别有讲究。

饮食禁忌在瑶族传统文化中，占有重要地位，是瑶族政治生活、经济生活和文化生活中不可分离的组成部分，它对于民族认同感和民族心理素质的形成与保持，起着相当重要的作用，是瑶族社会秩序的基石。

"狗肉"禁忌。

瑶族第一大禁忌——忌食"狗肉"。这是瑶族民族认同感的第一要素。

三都水族自治县巫不乡瑶族赵姓家谱是这样记载的。

我们巫不地区瑶族和我宗支为什么禁吃狗肉呢？一种传说是：寅卯二年，天干地旱，天下大乱，我们瑶族急于逃难，漂洋过海后，才发现未带谷种，想到有狗随同渡海，它平时爱睡在谷草堆中，或许它身上会黏有一些谷种。果然，在狗尾巴上找到一些谷粒，经过几年培育种子后，才大量播种。于是承诺，从今以后子孙万代不忘狗恩，不吃狗肉。

第二种传说是：漂洋过海后，有个白发公公坐在船上，鞋子突然掉进海里，他冷得没有办法了，把狗叫来，对狗说："你若能下海去帮我捡得鞋上来，我保证子子孙孙永不吃你的肉！"狗听后，十分高兴，就跳下海去，果真把鞋子捞了上来。于是，白发公公的后人遵守诺言再也不吃狗肉了。

"盘王节"的"盘王宴席"，则更具独特性。"盘王宴"上，必须要有瑶族传统的"鼠干""野猪""粽子"等食品。

为什么"盘王宴"

秀水春碓

上一定要有"鼠干""野猪""粽子"呢？

瑶族习俗中，每年的二月初一、初二、初三都要敬"鸟""野猪"，因为鸟和野猪都对瑶人有恩。相传瑶族漂洋过海后，什么种子都没有了，为了生存，瑶人便请田鼠去海对岸衔种子。田鼠答应了，便下水渡海，可是水大海宽，田鼠太慢。这时，一种常在瑶人房屋附近寻食的"呸呸鸟"说话了，它说："你们为什么不叫我去？田鼠游水那么慢，何时才衔回种子来？怕衔回来时，人都饿死光了。我不用游，一飞就过去了。"果然，鸟一飞冲天，很快便到对岸，把种子衔了回来。于是瑶人有了米种，丰衣足食了。瑶人想到鸟为瑶人立下大功，要报答鸟，鸟说："我不要你们瑶人报答，只是二月初一是我的生日，这天，请你们不要惊动我，不能用抢打我，你们在我的生日前后都要修斋。"于是，瑶人便答应了"呸呸鸟"，二月初一、初二、初三都在家休息，不再惊动"呸呸鸟"。而且初一那天，家家户户打糍粑，捏成小坨小坨的，再用竹片划开，弯成鸟头形状，将糍粑衔在"鸟"嘴上，插于大门上方的穿枋上，如果没打糍粑，用糯米饭捏成团，让"鸟"衔在嘴里也行。也有人家将鸟蛋或小鸡蛋套着，悬挂于大门枋上，以示对鸟的敬奉。田鼠则成了懒惰、拖拉和无用的代名词，成了餐桌上的美味佳肴。"盘王宴"上，人们颂一段"盘王大歌"，则津津有味地嚼一块"鼠干"。

二月初二和六月大暑敬野猪是因为寅卯二年洪水发时，伏羲姐妹造出人后，瑶家小孩无奶吃，又冷又饿，嗷嗷哭闹，野猪看到，怜悯瑶家小孩，便用奶喂小孩，又用身体温暖小孩，小孩才得以长大成人。于是，瑶人每年二月初二和六月大暑都要敬野猪，同时在还愿敬盘王时，还特地要用野猪来敬奉盘王，如果没有野猪，也要用特别饲养的"愿猪"，仿照在山上捉野猪那样，用网套网住，然后去毛来敬盘王。

"粽子"则成了瑶族内部支系的标志物。漂洋过海后，由于上岸时间不同，地点不同，出现了"岩上瑶"和"岩下瑶"、"深山瑶"和"过山瑶"之分，因而在服装、建筑以至语言等方面都发生了一些变化，就连在高度统一的"还盘王愿"祭祀礼仪中，祭品都不一致，先上岸住岩上者，用碓舂糍粑作为祭品；而后上岸住岩下者，则用粽粑叶包糯米粽子，用黄线绿线捆扎粽粑，美其名曰"金钱围腰"；有的则直接用甑子蒸糯米饭来敬奉盘王。

盘王大歌

《盘王大歌》为韵文体，借用汉字记瑶音，一般为七字，也有五字、四字的，押尾韵，因此，朗朗上口，非常适合于法师和师男们演唱、吟诵。部分为散文体，由法师当作历史和民俗故事慢慢讲述。演唱都有优美的音乐曲调配合，吟诵36段《盘王大歌》时，还有专用的曲牌。36段歌由七支曲牌组成，称为"七任曲"，即"黄沙条"、"三逢闲"、"万段曲"、"荷叶杯"、"南花子"、"飞江南"、"梅花曲"等，每支曲唱法不同，歌词格律各异，但又都是独立完整的。

节日歌舞

"盘王节"是瑶族歌舞的盛会，歌舞的海洋。《盘王大歌》是主题歌、母歌、总歌。然后有《盘歌》《诘难歌》《情歌》《婚姻歌》《酒歌》《生产歌》《立传歌》《信歌》《故事歌》《乐神歌》……

与藏族的《格萨尔》、蒙古族的《江格尔》、柯尔克孜族的《玛纳斯》相类似，瑶族的"盘王"，是瑶族人民的民族魂，始祖神、保护神，《盘王大歌》是瑶族信仰的源泉，是瑶族的英雄史诗、民族知识总汇和百科全书。

《盘王大歌》有广义和狭义之分，广义的《盘王大歌》，泛指"跳盘王""还盘王愿"仪式上所诵之全部宗教经典，内容浩繁；狭义的《盘王大歌》指在"沙洪大宴"上所诵之歌，700余首，3000多诗行。《盘王大歌》在不同姓氏间，或同一姓氏间的大小姓之间，还有36段、32段、24段和18段等几种手抄版本的区别。

演唱《盘王大歌》，是瑶族人民的重要宗教和民俗文化活动。千百年来，对瑶族的社会生活和文化生活的发展以及对瑶族民族性格的塑造、加强民族凝聚力和民族认同感，一直起着重大作用。

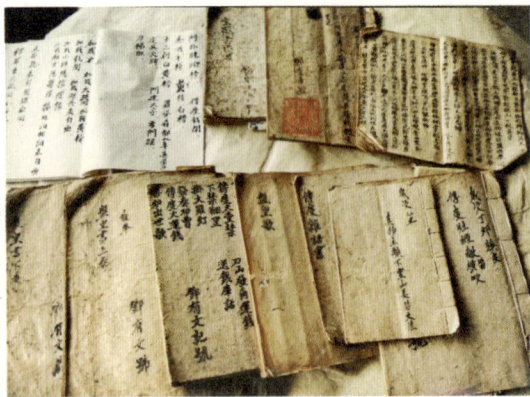

演唱《盘王大歌》，是神秘庄严肃穆的重大事件，一般在农历十月十六盘王生日前后举行，演唱地点多选择在深山密林之中，届时要临时搭建供演唱用的宫阙、彩门和男斋戒房、女斋戒房，规矩禁忌十分严格。

演唱前都要焚香化

盘王书

纸，请神请圣降临，还要奏乐敲锣打鼓、鸣角吹笛扬幡，法师们都穿上红色法衣，大法师还穿上绣有各色花纹图案的长礼服，戴上"独令帽"，手摇铜铃，踏着罡步，跟随鼓点，边舞边唱。

演唱《盘王大歌》是集体进行的，大法师在前，小师男们随后，亦步亦趋。一些初次接触《盘王大歌》的小师男，则先附在歌书旁，瞧着歌书，听法师们吟唱，然后和着曲调，学着试唱，直到能背成诵。

《盘王大歌》在平时是不得随意演唱的，特别是白天在家里，更不得习唱"会留会"等曲牌调。哪怕是大法师，如果不是在仪式上，想请其复述所唱内容，也是件极其复杂的事情。因此，要想对《盘王大歌》的全部内容进行了解，就必须反复地参加演唱仪式，绝无捷径可走。

演唱《盘王大歌》都是在民族内部进行，特别是仪式进行到"上刀山下火海"时，还要逐个清理人数，若发现混入者，要一律清退出场，绝不枉情。

演唱《盘王大歌》的法师普遍受到族人尊重，特别是大法师，即"书表师"，在族内的社会地位之高，是无人能比的。他每到一个地方，都被看做高贵的客人，受到盛情的款待，席间位置，都被安排在显著之处。平日里的各种人生礼仪，如结婚嫁女、办满月酒等，都请其主持，为新人祝福。

除《盘王大歌》外，被称为"族歌"的是瑶族独具的《信歌》。

《信歌》是瑶族文化的一种特有形

神像

式。以歌代信，互通音讯，互致真情，互相邀约，统一意志，统一行动，共赴族难，共享安乐，是瑶族的传统习俗。其中《交趾曲》就是在瑶族中广为流传，人人熟知的"族歌"。

在《交趾曲》《海南信》中，表现了先行到达交趾（中国古代地名，位于今天越南境内）和海南的瑶族，其思念故土同胞的真挚情感，信中充满激情地描述了交趾和海南等地的美好环境和优裕生活，并情真意切地表述了相邀同胞前去共赏安乐太平生活的迫切心情。读之，动人心弦。《桃川求援信》则充分体现了瑶族同胞间的紧密团结、相互援助、同仇敌忾、共渡难关、共赴族难的民族传统与民族精神。

据汉文献记载，在中国历史上就曾发生过多起散居全国各地的瑶族统一行动的事例。如宋朝时，据宋包拯《包孝肃奏议》卷六载，宋代瑶民起义，均源于湖湘，而转战于岭南，"蛮贼等三千余人商量入连州打劫……缘广南英、韶、连、贺四州，并与湖南郴、衡、道、永等州相接"。

在明代，著名的大藤峡瑶民大起义，前后坚持近百年之久，湘、赣、桂、粤等各省瑶人不分畛域，往往连片活动，互相配合，作为一个整体共同行动，使明王朝顾此失彼，疲于奔命。

壮观的刀梯丛林

　　瑶族信歌，内容十分丰富，仅从上面的《交趾曲》《海南信歌》《桃川求援信》以及现代美国瑶人的《又到姐妹歌》等"信歌"中，就充分证明：古往今来的瑶族先民，虽然地隔东西，居处分散，关山重重，却能以独特的"信歌"形式，进行广泛的、世代相传的联络、交流，将散布各地的骨肉同胞的各种信息，以喜闻乐见的民族形式，在全民族中广为习唱、世代流传，以激发全体族民的向心力，不断增强民族活力，巩固和强化民族意识，增强民族凝聚力——这就是瑶族文化的独特魅力。

　　"盘王节"里，跳舞是高潮。常见的舞蹈有《狩猎舞》《猴鼓舞》《挡虎舞》《穿团舞》《捉龟舞》《绣花舞》《春堂舞》《双刀舞》《棍舞》《长鼓舞》……

　　《长鼓舞》是灵魂，是精华，是瑶族人民祭祀盘王，对盘王歌功颂德时表演的一种乐舞。据宋人沈辽《踏曲》对长鼓舞有着这样的记载："湘水东西踏盘去，青烟白雾将军树。社中饮酒不要钱，乐神打起长腰鼓。女儿带环着缦布，欢笑捉郎神作主。明年二月近社时，载酒牵牛看父母。"

　　"长鼓"又名"花鼓"，"以木为之，但两端圆径如一，中细如腰状"。长鼓以梓木为材质，用羚羊皮绷两端鼓面而成。关于长鼓的来历，有一个动人的传说。相传古老古代，瑶族始祖盘王上山打猎，不幸被羚羊用角撞伤，落崖而亡。盘王子孙为追念盘王，便取羚羊皮制成鼓，世世代代，不停地敲打！

　　长鼓有大小之分，大长鼓平置于固定的木架上，众人用手拍鼓面；小长鼓则以手持鼓腰，边拍边跳。跳《长鼓舞》时，除打长鼓外，还用锣、鼓、钹、铛、唢呐、铜铃等乐器，加以《盘王大歌》的唱曲伴奏。《长鼓舞》有三十六套，七十二层，

从小练习

即鼓有三十六种打法，舞有七十二种动作。舞蹈充分展现了瑶族先民开山伐木，拉锯造房，挖田造地，生产劳作的艰辛与欢乐。舞至高潮时，全场同声歌唱，气氛热烈，如痴如醉！

度戒——挂大罗灯

节日"成丁礼"

　　"盘王节"中，场面最壮观、参与人数最多、时间最长、耗费最大的，莫过于"做堂"，又名"度戒"。那场面真是十里八乡，万人空巷。

　　"度戒"是瑶族宗教仪式中场面、规模最大，最隆重的。瑶族人认为一生中只有经过度戒，才算正式取得了瑶族族籍。度戒，瑶语称为"度师"，又叫"鸣扬传度"，意为承传师法，具有神权，领有阴兵，能驱邪除鬼，取得法名，生时身体健康，延年益寿，死后灵魂也能"升天""做官"。因此，在瑶族看来，度戒是十分神圣的。

　　主持度戒的，都是德高望重，道行高深的大法师，所用经书、文、表、疏、牒繁多，仅书表就有大小 50 多种。

　　凡参加度戒的师男、师嫂与法师，都要集体"斋戒"，这期间禁食动物肉、动物油等荤腥，只能食素菜、豆腐、植物油；禁谈情说爱，禁夫妇同房，禁男女互相说话、互入"禁房"；神坛前禁说本族外语言；要用白布严盖酒缸。

鸣角通神

　　度戒仪式中，要集体上刀山、过火炼、睡阴床、踏罡步。刀是磨得无比锋利的钢刀；犁头、青砖是用去过外皮的干透的杉木枝，烧了几天几夜，已是青光四射；阴床则是要睡上去就昏迷不醒的。

　　而度戒的师男们要从容镇定，攀上刀山，要争先恐后将通红通红的犁口捧在手上，含在嘴里，要从青光四射的火砖上踩踏前进，要义无反顾地睡在阴床上，含笑"死亡"。

这是典型的"砥砺意志"，面对艰难险阻、生死考验，瑶人都要勇敢坚强，从容镇定，无所畏惧，不屈不挠，一往无前，义无反顾，视死如归。

接着就是押号抛牌。押号是在"北极驱邪院"（阴间组织）取得职位，取得法号；抛牌是师男上刀梯后，主醮师从刀梯上抛下"老君印"，师嫂用衣裙接住。

这是师男最神圣的时刻，相当于"金榜题名"，从这时开始，师男取得了瑶人的资格，从此可以学习法术，可以驱邪劾鬼，能管住一切妖魔鬼怪，能济世救人。

仪式中重要的一关是游兵游将，所有的法师、师男、师嫂都要参加游兵，相当于"阅兵"，其场面浩浩荡荡，很是壮观。游兵中要"过关卡"，盘查文书、印信、阴职。关卡上有戴面具的手拿大剪刀和吊着长萝卜的守卡者。欲过关者须善于对答，应付盘查，要善于闯关，或准备些香烟、食物和零钱，买通关卡。

师男拜圣

游兵游将，再现了古代民族辗转迁移、行军作战的历史。

度戒仪式，是瑶族学习自己民族传统文化的"活教材"，是民族精神的体现，是民族宇宙观、道德观的生动展示，是瑶族"多种文化层的重合"。

节日"还盘王愿"

在"盘王节"中，还要"还盘王愿"。和度戒一样，"还盘王愿"也是瑶族人生命中必须经历的重大事件。"还盘王愿"，又称"还子孙愿"，是瑶族子子孙孙都一直要还的愿。这一礼仪历时七天七夜，包涵多种艺术表现，特别是已成为瑶族经典舞蹈的《长鼓舞》。

瑶族历史上，是一个迁徙不定的游耕民族，没有自己的文字，很多历史和文化就隐藏在"还盘王愿"的祭祀活动和歌谣里，他们通过"还盘王愿"这一特殊民俗记录下本民族的悠远足音，可以说，"还盘王愿"是瑶族历史文化的活化石，是研究瑶族的重要历史文献。

竹筒架枧

节日竹枝祭俗

瑶族酷爱竹，有"宁可食无肉，不可居无竹"的说法。瑶寨四周，茂林修竹，

竹枝禳解

郁郁葱葱。瑶族人日常生活离不开竹，瑶寨一大景观——竹筒架枧，入户饮用、灌田、蓄水。竹筒当盛皿更是普遍，瑶族上山生产时都是用竹筒盛茶、盛饭、盛菜。瑶族建房常用的建筑材料，一是杉木，二是竹木。杉木为柱，竹木为瓦、为篱。连嫩竹与竹笋蜕下的壳，瑶族人都不会舍弃，妇女用其剪作纸样，请客送礼中用其包盛鱼、肉、鸡、鸭、糯米饭等礼品赠客，方便实用，有现代塑料食品袋之便，而绝无污染环境之虞。

在宗教祭祀中，竹枝祭俗十分醒目。在"度戒"中一定有两株高大的竹幡，这竹幡是取整株高大楠竹，连蔸挖下，不去枝叶，直立于坛前，再用整匹白布从竹梢顺势垂下，直拖到中堂，白底黑字，肃穆庄严。

在"襀解"仪式中，同样要用竹枝，只是不像"度戒"中用大楠竹，而是用小京竹枝，小京竹从根折下，也不去竹叶，用一块长一米的小白布捆扎于竹枝上，白布内包一小包白米，竹枝上还用六枚古铜钱悬吊于上，竹枝先由法师持着，诵经后，交给被襀者扛着，端坐于神龛前，背后置一盛有水之木盆，然后法师逐一襀解，直至将六枚铜钱全部取下，丢于盆中止，表示灾难已解除。

流水潺潺

QUSHUOYAOJIA
趣说瑶家

HEJINLI
合卺礼

● 母系社会的遗风遗俗 ●

在瑶族恋爱习俗、婚姻家庭中，看不到争风吃醋、情杀斗殴，也没有逼婚、离婚、虐待、遗弃等现象，有的是世上美妙的恋歌，纯洁的爱情和稳固的婚姻。

瑶族实行一夫一妻制。妻从夫居，子女随父系，瑶麓瑶族还有父子联名，即子女名字的前半部分是个人瑶名，后半部分是父亲瑶名。

瑶族妇女在家庭及社会的地位非常重要。在瑶麓家庭中，男女两性间分工十分清楚，各司其职，各尽其责。男子的任务是：狩猎，抵御外侮，血亲复仇，到集市进行简单交易，将猎获物和采集的土特产品出卖，购买生产生活必需品，协助进行重体力的农业生产，如翻田翻地，抬送粮草等；而妇女则承担着除上述活动以外的全部劳动。如从种到收的全部农业生产的运筹与劳作，畜牧业中的饲养和管理，捕鱼捞虾捉田螺等渔业活动，采集野生土特产品，担水煮饭，舂米种菜，纺花织布，生儿育女，照料老人，道德教育及家政管理。由于妇女在家庭生活中承担了如此大量的、多方面的、不可取代的工作，因而妇女在瑶麓社会中占据了十分显要的地位。

聆听教诲

　　家庭生活的组织者。
　　瑶麓家庭的显著特点是：妇女在家庭中占据核心地位。凡家中有勤劳能干的女子存在，其生活就红火欢

晒谷忙

乐；反之，家庭就贫穷潦倒。在家庭中，所有成员的衣食住行都由妇女安排，平时的收拾管理也都是由她们亲自掌握。
　　在家庭中，道德教育是妻子的独有职责，妻子有权教育自己的子女和丈夫，可以打骂他们，对他们的行为有支配权和否决权，孩子和丈夫必须服从妻子管理。特别是丈夫在外做了对不起群众的错事时，妻子可以当众人的面，教训丈夫，甚至打丈夫，丈夫不得反抗，必须像孩子一样地表示认错悔改。因此，瑶麓流传有"赶场不过老公，当家不过老娘"的谚语。
　　生产上的指挥者。
　　在生产劳动中，从品种安排到抢季节的督促检查都由妇女掌握，甚至种子不够了，也都由她们到女方家族中去交换。
　　社会的特殊保护者。
　　在瑶麓社会中，"男尊女卑"等思想观念难寻踪影。相反，习惯法重点保护的对象是妇女。一旦发现有本族妇女被侮辱、被遗弃虐待，

寮房外

则女方家族的全体男性青壮年定要齐集上门兴师问罪，要求"吃酉""赔榔"，若是涉及外民族的，则全瑶族出师问罪。

在婚姻缔结中，女子始终占主动和决定作用。

瑶麓现行婚俗是"凿壁谈婚"和"夜婚"。"凿壁谈婚"是女子进入青春期后，就在家庭中早预备好的寮房内，隔着木板壁，透过一个一厘米大小的"开笛"（朋友洞），广泛地接洽男青年，互诉衷情，自由地物色意中人。这种方式，自由而圣洁，男女有充分的感情交流，保障了妇女意愿的实现。在谈婚全过程中，女子始终在房间内，不出房门半步。而男子则在房外守候，紧对着朋友洞，轻轻地吹拉弹唱。出阁时间由女子选定，不用繁文缛礼，甚至到结婚前几天，父母才得知此事。婚礼在夜深人静后举行，全过程都由妇女们自行办理，男性多行回避，包括父亲、兄弟等都避而不见，形成了"只见女宾，无有男客"的独特婚俗。

在瑶族的传统观念中，"母亲"是神圣而伟大的。

头人以母亲相称。"播冬"头人称为"买努"，"官侯"头人称为"买努广"，直译为"我们的母亲，我们这片土地上的母亲"。评价头人是否称职的标准是：能否像母亲一样关心爱护族民、保护族民，对所有族民，不分亲疏，一视同仁，平等相待。

生小孩时，男性要坚决回避，连丈夫煮饭送水都不行，更不能偷食"母亲"食品，一切都由老年妇女料理。

女子出嫁时，父母特别叮嘱一定要生女孩，否则对不起舅父。

客人到家做客，若称赞主人的女儿聪明伶俐、漂亮能干，则举家高兴。瑶族对未婚女子特别关照，让她们掌握多种技艺。

在瑶族的神话传说中，母亲是无比伟大的，如"兄妹造人"；"卯"农神传播农业技术；"岩洞葬"是为收藏母亲尸骨而开始的；"打猎舞"是为悼念母亲功绩，替母亲分担劳作舂碓等。

在丧葬中，全部由妇女指挥铺排，男性出力。亡人入棺前，要先由媳妇洗尸，入棺时，媳妇抬尸首，儿子只能扶腰。从侧面反映了女子在家庭中的重要地位。

妇女在多方面的优先权和优越感。

财产继承上，女孩子继承权优先于男孩子，首饰衣料全归姑娘；女孩子妆嫁费用占家庭支出的大部分；姑娘一降世，做父母的即要开始筹备嫁妆，尤其是金银首饰，家中有几个待嫁女孩子则要准备几份，而男孩子什么也不必准备；在寝室安排上，全家只有未婚女孩子有单独房间，男孩子则多睡地铺；谈情说爱时，女孩子在屋内，男孩子则在外游历徘徊，成功与否，全取决于女孩子意愿。

母舅为大。

瑶麓民谚"上大是天，下大是舅"，母舅在瑶族社会中占有极其重要的地位。

在婚姻缔结中，母舅具有否决权。在瑶麓瑶族的婚礼中，要经过"认亲"一关。即男女举行结婚仪式后的十天半月里，新郎要通知新娘的母舅，告知已行婚礼仪式，请求舅父"认亲"。这时，新娘母舅约上兄弟九人，如是二姑娘则约上七人，一齐上门到外甥女婿家中。新郎这时诚惶诚恐、小心翼翼、热情周到地接待新娘的母舅，并同时准备九份红包（七人则准备七份），每份红包内装六角钱。若母舅收下红包，接受新郎的酒肉款待，即表示此门婚姻"可以成立"。新郎在经过十天半月的准备以后，就可以偕同新娘去拜望岳父岳母，婚礼才告终结。

在瑶山婚礼中，舅父处于显赫地位。舅父进门时，歌手会立即唱起一种特定的歌曲，以示欢迎和感激。婚礼中的餐桌，是用绳子拴在屋柱上的木板长席。姑舅表婚用三根绳子捆，非姑舅表婚用五根绳子捆，但有一根必须是舅爷捆。同时还必须有一头小猪专供舅爷方贵宾享用。

瑶族曾盛行过姑舅表婚，即姑妈的女儿一定要回嫁给舅爷的儿子，称"还娘

送郎路上

头"。只有舅爷无子，外甥女才可以外嫁他人。但外嫁时，舅爷要收取一笔数目可观的"血统养育金"。以前，瑶麓瑶族的舅爷要收取九头牛作为养育金，因此又叫"九牛婚姻"。清同治二年（1863年）三月，头人姚银滴、韦银娜组织族民立石碑，革除了这一陋习。1972年，瑶山瑶族经过公社三干会决议，也废除了姑舅表婚。

在丧礼中，母舅具有"盖棺"权。瑶族妇女死后，必须通知母舅，母舅接到报丧后，约上家族兄弟，前来验尸。若是寿终正寝，舅爷即指挥"盖棺"安葬。若是因虐待、逼死等非正常死亡，舅爷即兴师问罪。

椎牛祭礼中，母舅具有"砍牛"权。丧礼的椎牛祭礼中，砍牛手由舅家派人亲自动手。砍下的牛脖子归舅家。舅家要送最厚的礼物，而且对整个丧事要亲自过问，不准失误。整个丧礼中，几乎是唯舅家之命是从。

在葬礼中，女婿具有"显赫"地位。在姑舅表婚中，女婿即是舅爷的儿子，因此女婿在葬礼中占据显要的位置。

葬礼中女婿要送最厚的礼物。瑶山的规矩是4捆糯稻穗、40斤酒；瑶麓重礼是送一二头牛。女婿要带铜鼓参加丧礼，女婿家族还要出人参加敲铜鼓祭祀。祭祀中，女婿要出面接待前来悼唁的亲友，要随时担任主角敬献祭品。抬棺柩上山安葬时，女婿家族要抬一头。

砍牛后，女婿可以得到一只牛腿作为报酬。

在瑶麓，女婿参加丧礼，当进入寨门时，还要经受"凉粉果战"（做冰粉的藤本植物的果实）的考验，女婿要用事先准备好的东西遮住头和脸，勇敢地进入寨子，并将礼品挂在丧家的屋檐下，"战斗"才告结束。

迎亲

嫁妆

　　舅父具有送子"架桥"权。瑶族妇女如婚后几年不生育，或子女夭折，或生女不生男，或生男不生女，都非请舅父来"架桥"不可。舅父在接到"架桥"的通知后，即携带红纸和竹片前来，主家准备好一只鸡和一头小猪，在村口等候舅父。舅父将鸡和猪杀死，然后焚香祷告，将红纸包裹在竹片外面，将两头弯曲插在两块"生殖石"边，形成半圆形花环，有如拱桥，表示孩子可以顺利通过桥梁，降临人世间，不再受鬼神干扰。

礼到福到

火旺家兴

　　舅父对外甥具有抚养权。小孩满月后，要随母回到舅家，舅父们都来祝贺，并送来许多三角粽粑，舅父还要送一只一斤左右的仔鸡给外甥，表示舅父对外甥的关怀有责任和义务。倘若外甥丧失父母无人抚养，舅父便将孤儿领回族中，抚育成人。

　　舅父对外甥具有教养权。倘若外甥犯错误，母舅要出面管教；夫妻吵架，舅父要出面调解；舅父可以说理教育，可以打骂，外甥或外甥女婿不得还手；若是外甥女婿虐待妻子，屡教不改，舅父要邀约同族中全体男性青壮年上门"吃酉"。

● 奇特的嫁新郎习俗 ●

　　在瑶族的"盘瑶""红瑶"等支系中，有嫁新郎习俗。

　　瑶族谚语"天上雷公大，地上舅爷大"，说明舅爷对外甥有最高的监护权。这种浓烈的"舅权制"，其实是母系社会的遗迹。瑶族妇女在社会生产生活及婚姻中都处于支配地位，占据着重要位置。在瑶族社会里，没有重男轻女，没有男尊女卑，"嫁新郎"便是明显的例证。

家庭中，如果老大是女孩，并且聪慧贤良，美貌如花，加上家庭富有，那么，舅爷就会四下张罗，物色入赘新郎。

挑选新郎，有严格的规矩，首先不能是"同姓"；其二，是要讲究辈分，一定是平班平辈。辈分相当，即称为是"上得了神龛的亲戚"，也称"竹根亲"，如若辈分不同，则会被讥笑，或遭受族人谴责。

辈分选准后，就要进行"相亲"。"相亲"又称"看姑爷"，主要由舅爷带上亲友去相亲，也有青年伙伴带去看的，还有的是借行亲走客去看的，或是红白喜事中去看的，但大都是借外出机会去"相亲"，时间一般选在秋收之后和正月十五以前。

"相亲"要择选吉日，而且途中不得遇上抬棺、送死人上山，或老蛇拦路等不祥之兆。

五谷丰登　家兴业旺

送郎途中

"相亲"要穿上新装才上路，如是旧装也要洗得干干净净，整洁美观。

"相亲"大多以歌传情，借歌试探，通过对歌，两情相悦，双双认可之后，才可进入下一个程序——"请媒"。

媒人通常要选能言善辩并且与对方关系密切之人。媒人挑1~2人，但不能是本家同姓同宗族的男人，不然就会遭人讥笑和谴责。只要不是本家族中人，不受辈分限制。

媒人出门，也要选择吉日，届时提前请媒人到家吃饭。媒人第一次去提亲，要准备"礼信"，一般是两包糖，谦称为"茶"，包装好后，用一条二指宽的红纸条进行腰封。

媒人到家上门时，不宜直言媒事，要用"找酒喝"等含蓄话语作开场白，然后征求长辈们意见，再征求本人意见。

即便同意，也要向媒人表示"请多走几回路！"以便留有回旋余地。

经媒人说合之后，男女双方及家人可以相互往来走动，农忙季节相互帮忙，以增进了解，进一步培养感情。这样经过一段时间之后，即可议定"订婚"事宜。

"订婚"要择吉日，备好彩礼，才举行仪式。订婚，要准备烟、酒、糖、茶、肉、豆腐等食品，还要缝制新衣，选择随从（本人不去），可由家庭主要人员和亲友及邻寨中人组成，几人至几十人不等，并选两名小男孩，小男孩要辈分小的，作为"拜子"，参拜对方列祖列宗，称为"磕头崽"。上列人员，如是女人，本人不能在孕期；如是男人，则其妻不能在孕期，此谓忌"四眼人"，取避凶趋吉之意。

订婚队伍进入对方寨门及家门时，都要燃放鞭炮，进入家门时，即置放彩礼，"拜子"在神龛前磕头恭拜列祖列宗。

女方则为男方准备一些由自己亲手纳缝的布鞋和袜垫以及其他礼物。

订婚吉日前，要通知家族人员和其他亲友届时前来喝酒，亲朋们则备好贺礼前来贺喜。

订婚仪式的当天，女方家喜气洋洋，亲朋满座，人们喝酒行令，祝贺主家添喜添财，大富大贵。青年

唢呐送亲

男女则相约对歌传情。因此，常常是"订一对新人姻亲，结数双男女姻缘"。

酒足饭饱，告别主家时，平辈人都要玩一种"画花猫"的嬉闹游戏，即互相偷袭，往对方脸上涂抹锅烟灰之类，逗得大家哄堂大笑。

订婚之后，男女双方即如同一家，你来我往，甚是密切。

瑶族从订婚到结婚，一般都要经过两三年，甚至更长的时间。其间一般还要签署入赘婚姻契约书。

结婚，也要择选吉日，届时准备一只大红公鸡、酒水等，交给媒人或家族中人去通知对方，称为"送日子"。然后双方张罗准备结婚仪式用品，如水桶、烤火盆、火钳、床上用品、箱柜、布鞋、绣品，以及婚期食用的柴米油盐、酒肉、豆腐……

以新郎出门的日子为吉日，前二日即请客请酒，新郎选好伴亲队伍，出门时身佩大红花，旧时还要骑上高头大马，燃放鞭炮，奏响唢呐，好不气派！

女方家的迎亲队伍早早迎候在寨门，新郎的队伍刚一露面，寨门处就鞭炮齐鸣，热闹非凡。

婚礼由法师主持。法师手执牛角，鸣响数声，然后手捧圣水，洒向一对新人，祝福新人。

新人双双迈入大门，立于一个一尺宽许，三尺长许的"船板"之上，拜堂成亲。一拜天地，二拜高堂，三拜众亲，夫妻互拜。

拜堂之后，新人要向族中长辈、舅爷舅妈、父母双亲、高朋嘉客一一"献茶"。

"献茶"后，新人便洗手焚香，然后由媒人引入洞房。

亲朋们选出一能言善辩者向主家道喜、祝福，诵念吉祥辞。

之后亲朋入席，喝酒划拳行令，庆贺新人完婚。

● 奇异的婚恋 ●

在瑶山瑶族乡，婚恋充满了神奇色彩。恋情的建立往往首先从"抢腰带"开始，其他方式还有"月夜吹箫""花环套情人"等。婚礼中要演出"捶亲"闹剧，最后还要"考新郎"。

抢腰带

　　瑶族自古重女权，在婚恋中也充分体现了这一传统。瑶族男女青年谈恋爱，不是男子追女子，而是女子追男子。女方始终牢牢把握主动权，男子"唯命是从"，绝对不敢造次。

　　当女子长到十七八岁，便加入到"抢腰带"的队伍，参加到男女青年社会交往的行列，自由地物色自己的意中人。她们经常利用下列一些场合进行自由恋爱。

　　赶场天。赶场天是瑶族青年男女从相识到谈恋爱的理想场所。在圩场上，姑娘们打扮得花枝招展，她们身着全套崭新的盛装，背上精心绣制的背包，成群结队、招摇过市，她们一不买牛买马，二不卖柴卖草，而是专心地盯梢青年男子。凡遇上中意男子时，她们便驻足停留，低声唱歌引起对方注意。如男子也中意，便唱歌回答。男女一唱一和，互相盘问打探情况，并相约到场口路边，进行深入的了解。

　　正月陀螺节。节日期间，是青年男女社交的天赐良机。陀螺节上，人潮如海，优秀青年云集，姑娘们谁也不愿错过这一年才一次的择偶佳节。她们全都穿上最得意的新衣，戴上所有银饰，早早地来到陀螺场上，占据最有利的地势，对小伙子们从长相人品到竞技水平逐项进行评判打分，那些在赛场上人才出众、技压群芳的陀螺"明星"，自然是众多姑娘追逐的目标。

　　婚礼聚会。婚礼是青年男女自由恋爱，寻找对象的吉日良辰。这一天，青年人格外欢快，穿上节日的盛装，打扮得漂漂亮亮，赶到新郎家聚会。

迎新郎

有的还送上几斤米酒，几十元礼钱，新郎家自然十分高兴地款待他（她）们。当夜幕降临，他（她）们便三五成群地围坐在一起，低声唱起娓娓动听的情歌，物色意中人。

椎牛祭祖仪式。椎牛祭祖是瑶族丧事中的隆重仪式，也是青年男女进行恋爱活动的大好机会。这一天除丧家亲属前来祭奠外，大多数人是乘机赶热闹的。因此，椎牛场上，人山人海，观众如云，姑娘们花枝招展，小伙子们英姿勃发。姑娘们五彩的背牌衣，崭新的百褶裙，小伙子们鲜红的五指花裤，五色斑斓的绑腿绣珠，精美的锦绣腰带，把整个椎牛场装扮得热闹非凡。对于初涉瑶山的人，无论如何想象不到，这竟然是生死别离的丧礼仪式。

工余农闲时间，特别是月夜，是姑娘们结识交往男青年的美好时光。

当柔和的月光倾泻瑶山的时候，姑娘们便从枕下，取出自己亲手砍来的竹子，然后制成一根根精致漂亮的箫管，三五成群地来到村口，各人摘一把木叶垫坐，肩并肩地对着媚月吹起悠扬缠绵的洞箫。箫声诉说出了姑娘们心中的寂寞和她们渴望爱情的心声。

悠悠扬扬的箫声，像无数根情意绵绵的琴弦，撩拨着瑶家小伙子们难以入睡的心。他们迅速翻身起床，取下挂在壁上的弯弯牛角，拴于腰间，不约而同地从家里冲出，向着洞箫歌声的方向飞奔。

当他们绕到姑娘对面时，便同时吹响牛角。姑娘们惊闻牛角响，个个喜上眉梢，忙收起箫管，藏在腰间，边吹木叶边朝小伙子们靠拢过去。而小伙子们都有意向草坪退走，每走一段，便停下来吹一遍牛角。一停一吹的牛角声，把姑娘们引到寨外。几经呼唤，几经追踪，终于相会。

这时，男女各坐成一排，姑娘们吹箫，小伙子们侧耳倾听。小伙子们吹起牛角，姑娘们也细细品味那雄浑剽悍的旋律。角声刚落，箫声又起，最后，角声箫声，同时迸发，奏成一曲欢快甜美的山韵。

互相表露心迹之后，还要继续对歌。通过对歌了解对方，盘问家底，考察道德品质等。一旦双方情投意合，便双双离开队伍，单独进行对歌、叙谈。

有些姑娘，在交际活动中相中了一个男子，但自己歌声并不出众，又急于向对方表露真情时，则呼唤同伴们帮忙，也不唱歌，也不谈话，两三个姑娘一齐上去，动手就将男方腰带和银手镯等抢去。如男方同意，则尾随姑娘追去，相互聊天、互诉衷肠。

有些姑娘别出心裁，用竹篾条圈成一个圆圈，圆圈外套上红纸或花布等，做成一个花环，平时将竹圆圈花环收藏于背篓内备用，一旦在歌场上相中某一男子时，则急忙取出花环，对着男子头上套去，被套中的男子，则乖乖地尾随姑娘而去。

瑶族腰带

姑娘相中意中人，回家就用上好的布料，刺绣一根美丽的腰带，于赶场天或明月之夜，拴于腰间去与情人幽会。

秋去春来，爱情之果成熟后，姑娘就将美丽的腰带解下赠与情人。倘若小伙子有心与姑娘成亲，就解下自己的腰带回赠姑娘。

有些调皮的小伙子，虽有心与姑娘成亲，但收下了姑娘赠予的花腰带之后，却不急于回赠自己的腰带，有意让姑娘干着急，姑娘猜不透小伙子的心，而又急于知道其明确的态度，于是，姑娘往往首先出击，上前捏住小伙子的手，动手抢他的花腰带，有时几个姑娘伙伴也一齐上前助阵，帮她抢小伙子的花腰带，于是常常出现热烈的跌爬滚打嬉戏场面。

在交换了花腰带之后，男女双方一般不再与其他人恋爱。在瑶山，不论男女，每人只有一根花腰带，象征着瑶族青年爱情的专一。

对于瑶族婚恋，《桂海虞衡志校补》记述说："（瑶）十月朔日，各以聚落祭都贝大王。男女各成列。联袂相携而舞，谓之'踏瑶'。意相得，则男咿呜，跃之女群，负所爱去，遂为夫妇，不由父母。其无配者，俟来岁再会。女二年无所向，父母或欲杀之，以其为人所弃云。"

捶亲

金秋时节，新谷登场之后，直到大年正月，是瑶家结婚嫁女的季节。男女双方恋爱成熟后，女方即请媒人到男方家求婚，女方父母同时向舅父征求意见。若男方同意，即托人带上二斤酒，二斤猪肉，以及礼金（原来多用银毫）作为聘礼，婚事就定下了。

冬月的"龙"日，是瑶家婚配的黄道吉日，因为"龙"日，龙睡在岩洞里，有雨水，选择这一天完婚，有吃有穿，不愁一切，从古到今，瑶人大多选在这一天完婚。

新娘出嫁的头一天晚上，女方家亲友欢聚一堂，几名男歌手围在新娘家的火塘边，边饮酒边练习唱歌，通宵达旦作准备，以便迎接前来接亲的男方歌手。

"龙"日当天，新郎请本"油锅"兄弟三至五人前去接亲。新郎肩上斜披着一条白布带，佩一把腰刀，扛一把雨伞，同时带上一名男歌手、一名未嫁女青年，挑上糯米饭一挑，酒一坛，母鸡一只，雄鸡四只，四两重的熟猪肉二块，糯禾三把，生猪肉四斤，盐八两，炒黄豆二斤，人民币四元四角，向新娘寨上进发。

当天，新娘打扮停当，就在本"油锅"姐妹陪同下，带上几斤糯米饭和猪肉，到舅爷家与表兄辞别。表兄收下礼品后，设宴招待表妹，大家互相敬酒，说些惜别的话。

新娘委婉地告诉表兄，她就要出嫁了，恳请表兄不要怪罪她，让过去的事情过去吧！表兄也回赠礼品给新娘，并把她们送到离村子很远的地方，才依依不舍地相互告别。

当接亲的队伍到新娘家时，新娘家的亲属立即设宴席盛情款待，双方互相举杯祝福，互

鸣锣开道

相谦让，并各选一名歌手，在酒席上互相盘歌。女方歌手要唱送别歌，歌词通常讲的是父母历经千辛抚育儿女成人，儿女一定要记取父母养育之恩，嘱咐姑娘出嫁之后，要尽心尽责赡养老人，孝敬公婆，善待兄弟姐妹，夫妻互相敬重，和睦相处，白头偕老。

告别宴后，新娘父母便开始为新娘准备陪嫁妆奁，其中一定要有一只小鸡，七把糯米穗，酒一坛，糯米饭一挑。嫁妆先由新娘的两位"油锅"兄弟挑出门，送到去新郎家的半路上。届时，新郎家也同时派两个"油锅"兄弟到半路上来接嫁妆。双方接送队伍在半路上相遇后，就席地而坐，拿出酒和糯米饭来吃。然后，新娘家的兄弟将抬来的嫁妆交给新郎家兄弟挑回新郎家。

嫁妆中，还有新娘的哥哥亲手制作的小幺箩。新娘母亲则将两块二两重的肥肉，在锅内煮得半熟，然后夹给新娘的哥哥，装入小幺箩，交给新郎，新郎则将这个小幺箩小心翼翼地穿在长矛的枪尖，扛在肩上，安全无误地扛回到自己的新家中。

新娘家估计送嫁妆的人已至半路，东西已经交给了新郎家来接嫁妆的人之后，才让新娘出门。送亲队伍要比接亲队伍多出二人，其中也一定要有一位女陪娘。新娘出嫁时，要穿上母亲和姐妹们自纺、自织、自绣的背牌衣、百褶裙，戴上银手镯、银项圈，打扮得秀丽端庄、美丽动人，然后才在亲人们的簇拥下走出家门。

当接亲队伍尾随新娘走出新娘家门时，突然从房屋四周冲出一群姑娘，她们团团围住肩上斜披着白布带的新郎，又拉、又扯、又打、又捶，新郎则极力摆脱姑娘们的包围，夺路而逃。姑娘们急忙追的追、拦的拦、抓的抓、抢的抢。接亲队伍的其他人则乘机簇拥着新娘慌忙赶路，将新娘抢走。围观者一个个笑得前俯后仰，一阵阵呐喊助威、火上加油，一直追出离村寨很远的地方，方才"无可奈何"地望着新娘远去。这是传统的"抢亲"遗俗的情景再现。

考新郎

黄昏时刻，接亲队伍赶到了新郎的村寨边，停下来鸣放火枪和铁炮，示意新娘已经接到，顺利进寨了。新郎的亲戚朋友听到报捷的枪炮声后，便抬着酒、肉出门来迎接。待接亲队伍来到时，新郎的亲属们递给每个接亲和送亲的人一块熟猪肉和两杯米酒，然后大家静候"进新门"

的良辰到来。

良辰时刻，新郎的舅舅站在门边，接下新郎扛着的长矛枪尖上的小幺箩，取出两块二两重的肥猪肉，用筷夹住在锅内涮了涮，命令新郎张口接住。新郎哪敢违抗，张开大口将两块肥肉接住，扑哧扑哧地连嚼带咽，当着众亲友及送亲队伍的面将两块肥肉吃到肚里。

这时，众人齐声"咳咳咳"地三声欢呼，鼓乐齐奏，鞭炮齐鸣，把新婚的喜庆气氛推到了高潮。

接亲的人便在鞭炮声、欢呼声中引领着新娘，从新郎家大门口上那一座用几块长二尺、宽一寸的竹片弓成的，上面糊有白纸红纸的"花桥"上跨进新郎家门。新娘进门后，送亲的人便将"花桥"拆掉，表示新娘从此永住新郎家。

新娘进门后，接亲和送亲的代表面对面地在喜庆的宴席正中坐下，然后，其他宾客才围着长桌脸对脸落座。长桌是临时在地上打几根木桩，上面架上横木，横木的两端用绳子吊在屋的横梁或穿坊上，在横木上铺上木板，桌长约6米，宽约1米。长桌上摆上酒杯、酒碗、肉以及

送新娘

用竹笋壳叶装盛的糯米饭团。在新娘的兄弟或送亲人酒席上，还必须摆上一只煮熟的全鸡。全鸡吃不完可以带走，但不能分与其他人吃。

开席后，男方歌手开始唱歌，赞扬父母养育之恩，感谢"油锅"兄弟姐妹、父老乡亲的大力支持，恭贺新人幸福欢乐、生活红火、白头到老。女方送亲的歌手亦应答歌唱，应酬助兴。歌词题材广泛，生动活泼，有诉说祖宗源流、民族历史、民俗故事的，也有互相诘难猜谜的。唱一首歌，喝一口酒。宾主们在歌声笑声中尽情发挥，开怀畅饮，彻夜不息，一醉方休。

第二天早饭后，新娘随送亲的队伍同回娘家，新郎也带上几斤酒、几斤肉和一名女宾陪新娘回去，第三天又把新娘接回来。第四日鸡叫时分，新郎家才把"长桌"的绳索解下，撤掉宴席，至此，婚礼圆满结束。

瑶乡瀑布

JINGWEIZIRAN

敬畏自然

QIUFUZHI

求福祉

瑶族崇尚自然，尊奉祖先，信仰盘王，形成了一个以盘王为中心的多神崇拜信仰体系。

● 拜火仪轨 ●

拜"火"仪式

瑶族由于避居深山密林之中，长期过着狩猎采集的生活，饥饿、潮湿、黑暗、寒冷时时困扰着瑶人，只有火才给瑶人带来温暖、带来光明、带来力量、带来欢乐。

当新居落成时，瑶人要举行庄严的祈火典礼。

逢吉日良辰，家族长者便身披棕毛蓑衣，头戴竹笠，抱着干燥的毛毛柴，从新居正门进入，用古时就流传下来的火石、铁镰与火草绒线取火。

　　生上火之后，长者一面不断地往上加草、加柴，一面佯装成全身发抖，冻僵了的模样，猫着腰，蹲在火塘边，一会儿烤胸前，一会儿烤背后，一会儿烤手，一会儿烤脚……

　　好一阵之后，才用竹子编成的新炕笼，将火塘罩住，从身上脱去蓑衣、竹笠，将外衣脱放在新竹炕笼上烘烤，还不时地来回翻动，边烤"湿衣"边诵《温暖经》。

神圣的"火塘"

　　瑶人的火塘，有多种功用，在苦难的岁月里，瑶人围火塘而坐，围火塘而食，还围火塘而卧。除此而外，火塘还是婚姻的桥梁与见证人。

　　瑶麓瑶族男女恋爱兴"凿壁谈婚"，恋爱中男青年在房外，在姑娘寮房板壁上的"谈婚洞"与姑娘唱歌，经过互相倾吐爱情，志趣相合后，姑娘在夜深人静时，就开门将意中人引到火塘边，燃起炉火，用糯米饭招待意中人，边品味糯米饭，边继续谈情。

　　母亲听见火塘响动，火光闪亮后，也起床来帮姑娘招待客人。

　　最后，男女双方又在火塘边交换信物。

　　恋爱全过程都在"谈婚洞"、火塘这两处进行。

感恩火神

"火"是瑶人的保护神

瑶族世居深山密林，旧时，猛兽出没，虎熊肆虐，对瑶人造成极大威胁，传说是火保护了瑶人。因此，如今瑶人上山打柴，下地干活，都要就地生上一小堆火。姑娘出嫁途中，也要撑一把象征火光的红色雨伞。

传说古时候，一个瑶人上山抠粑槽，粑槽还没有抠成，天就黑了，因为离家太远，瑶人只好露宿在山上。

夜里，寒气逼人，瑶人拣来干柴，烧起了一笼大火，把全身烤热，就准备靠在粑槽边上睡瞌睡。

这时，老虎看见了火光，猜想一定是有人在烧火烤，于是约起伙伴老熊一同跑到这边来烤火。

瑶人听见是老虎和老熊来了，急忙趴在地上，把粑槽翻过来，扣在身上，整个人一丝不露地躲在粑槽里。

老虎和老熊跑到火堆边，不见人影，只见一大笼火焰喷着红光，热乎乎的，两个已经冻得够呛了，这下见到火，不管三七二十一，先烤过瘾再讲。一边烤，一边呼噜呼噜地睡着了。

瑶人躲在粑槽里不敢睡觉，过了很久，听不到动静，才偏起脑壳，从粑槽和地面的缝口中向外偷看。他看见老熊和老虎都睡得很死，立忙从粑槽边摸起一根烧剩下的柴头快快地把火星拨到老熊和老虎

旺火

的身上。老熊睡得死，身上被烧煳了才惊醒过来。它睁开惺忪的睡眼，一看只有老虎在旁边，认定是老虎拨火烧它，不问青红皂白，马上扑过去，要打老虎。这时，老虎也被烧醒了，头上身上都被烧了很多洞，痛得它"嚎呀嚎呀"地吼叫。它看见老熊扑过来，认为是老熊拨火烧它，就大骂老熊："你这个没良心的，我好心带你来烤火，你倒来害我？"

老虎和老熊，一个怪一个拨火烧对方，两个都是火爆性子，都有一身蛮力气，谁也不怕谁，谁也不让谁，越吵越凶，就打了起来，打得难分难解，打得你死我活，一直从坡顶打到坡脚，又从坡脚打到烂泥窖里，结果两败俱伤，还差点被淹死。

从此以后，老熊银白的皮毛没有了，烧成了黑煳煳的皮毛，变成了浮肿难看的丑八怪，走起路来还一跛一跛的。老虎呢，一身金黄金黄的外衣也被烧得千疮百孔，一处白，一处黑，花里胡哨的。

从那以后，老虎和老熊一见火光就吓得落魂掉魄，躲到远远的没有人烟的地方。瑶人这才安全生产，放心行路，祖祖辈辈也都未发生过老虎伤人的事件。

火的禁忌

瑶族认为：火是圣洁的，又是神秘的。因此，关于火有许多禁忌。

火塘不能断火。每次做饭做菜之后，即用灶灰将红红的火种盖上，有时还加一小段未燃尽的柴头作引子，待到下次再用时，将灰扒开，放些干柴细竹枝，用吹火筒轻轻一吹，火焰又会喷射而出。

尊贵的客人到家，一定要请到火塘烤火，这是最高的礼节。

瑶人路过悬崖巨石边，一定要拾些干柴、细草，敬献于石旁，谓之"献火"。

产妇所用的接生剪刀一定要在火焰中燎过。

人死送出门后，或是抬死人路过家门口前一定要用热火灰在大门口及房前屋后撒上一圈，像白色的警戒线一样。

人死送葬后七天内，寨子的门楼边一定要燃一堆火，凡外人进寨或本寨人抬柴抬草进寨，都一定要经过此火的熏燎。

忌失火烧葬洞。瑶族行崖洞葬，人死后都置于崖洞内。崖洞是祖宗神灵所在，因此，送葬入洞时，要十分小心，前面火把烧完，后面即用水及时浇灭火籽，防止失火。

新居房内，忌乱烧火、乱挖灶坑。

火塘忌跨越，忌敲击。

忌用火烧过的黑炭画脸、画手足，瑶族认为如一旦被画了，做梦就不会醒来。

要精心保存火塘"火种"，忌粗心、草率。

忌玩火。

瑶族重火、敬火。特别在用火、管火上十分虔诚谨慎、小心翼翼。因此火灾事故极少。如瑶麓大寨，千百年来，从未发生过大的火灾，立寨的第一批房屋，至今尚能找到，历经千百年的格木柱头，坚硬如钢。

● 古树有灵 ●

瑶族祖居山林，人称"山林骄子"，自古好与白云做伴，奉高山为母。那苍茫的群山，万峰峥嵘；无垠的林海，松涛滚滚，给瑶族先民以无穷的遐想：为什么岩杉能在悬崖峭壁上顶风傲雪，居然能在没有一点泥土的巨石上长成参天大树？为什么猴子、飞虎（鼯鼠）等动物都喜欢在巨树密林之中？为什么巨树之下必有清泉？它们也一定像人一样有思想，有灵魂，有喜怒哀乐。于是人们世代相传，对于古树、巨树、

古树有灵

风景树、形状奇特的大树、雷火劈过的怪树都敬若神灵，从不轻易触摸，更不敢砍伐伤害。凡体弱多病、夜间啼哭不安的小孩，就在老人的牵携背抱下，到大树跟前跪拜，然后更名为"木生""木保""木养""木高"等吉名。

　　瑶人生长在林海之中，却惜木如金，从不无故砍树，对于生活必需的柴薪，也都取些细杂丫。凡砍伐大树，必先敬神。

● 谷 神 祭 祀 ●

　　瑶族耕作的主要品种为玉米，又称苞谷。苞谷在瑶族的膳食结构中占有极重要的地位。每年正月十五过后，动土的第一桩农事就是种苞谷，苞谷收成的好坏，是直接关系到瑶族人民的口粮及其他家禽、家畜发展与否的大问题。因此，自古以来，瑶族十分重视苞谷的播种，播种前要举行隆重的祭祀仪式。

　　每年开春，每一峒的"活路头"都要择选吉日，进行祭祀。"活路头"由那些家庭人丁兴旺、农事经验丰富、连年丰收、通晓历法占卜的中老年人担任，每一峒都有一家这样的"活路头"。由他家选择吉日先播种，其他人家紧随其后，但绝不可在"活路头"家前面播种。

斩恶

在吉日的"猪"天里，"活路头"家早早起床，蒸煮糯米饭，磨好豆腐，喂饱牯牛，全家人一齐来到地里，高高兴兴地吆牛犁地，拌灰播种，一家人分工协作，轻轻松松地点种第一块土。

当晚，全家人及三亲六戚都欢聚在"活路头"家，斟上美酒、摆上佳肴，共进"开播宴"。进食前，长者在屋内东方，焚上三炷香，摆上三杯酒、三碗饭、三坨肉于供桌上，又面向东方，复诵一遍《播种经》。诵毕，大家入席开宴，说些吉利话，讨论全年生产计划，预祝苞谷丰收。

● 狩猎禁忌 ●

狩猎，是瑶族传统的经济活动。民谚说："瑶山上找不到不会撵山的人！"《梁书·张缵传》载：瑶族"依山险而居，刀耕火种，采食猎毛，食尽则他徙。"《天下郡国利病书》记载瑶族"随溪谷群处，砍山为业，有采捕而无赋役"。唐代大诗人杜甫《岁晏行》诗云："岁云暮矣多北风，潇湘洞庭白雪中。渔父天寒网罟冻，莫徭射雁鸣桑弓。""莫徭"即瑶族先民，可见瑶族"手把硬弓求野肉"的狩猎习俗之久远，早为世人所公认。

荔波瑶族居住地森林茂密，又处在低山河谷向高山区过渡的走廊地带，为狩猎活动提供了天然的便利条件。瑶族狩猎活动严格遵循自古传袭的整套仪式，极其庄严而神秘。

在瑶麓，出猎之前要先"安坛"。"安坛"由"猎首"主持，"猎首"由狩猎经验丰富、通晓择日占卜、办事稳重、公正无私，

猎手

并喂有好猎犬的中老年人担任。"安坛"选择"吉日"，一般以"兔"天或"猪"天为多。吉日清晨，猎首通知同家族的两个兄弟，先在其家内秘密"安坛"。

"坛"设在屋内向东的一个小角落上，猎首和两个助手梳洗整齐，面朝东方，斟上三碗酒，摆于楼板上，然后默默地肃立片刻。猎首将中间一碗酒喝干，然后快速地将碗反扣在楼板上，两个助手也仿效着相继将另两碗酒一口喝光，并将碗反扣在猎首的碗旁边，然后，猎首顺手用旁边的一只马草箩罩住三只碗，上面再铺设一些伪装的旧衣服之类的东西。一切停当之后，猎首认为已经相当隐蔽，不会被家属小孩发现，不致被乱翻乱挪时，便放心地率领两名助手迅速离家上路。

凡参加狩猎的人，因事先得到通知，此刻都在家屏息静候。当听到猎首的脚步声后，就都立刻开门，自动悄然紧随其后。一路上，大伙衔枚疾走，即便有人摔倒了也不能说话。到达山场后，猎人们围着猎首，猎首将携带的糯米饭分为五份，用木叶垫着，放在地上，又在每份饭上插一双筷，不烧香，不化纸，面向东方，轻声诵《狩猎经》。

诵毕，便放狗入猎场。众人各就各位，守坳的守坳，撵山的撵山。守坳的屏住呼吸，都希望猎物能通过自己的坳口。撵山的则大声呼喊，虚张声势。

其实，他们什么也没有看见。猎犬十分精明，东钻西钻，追着猎物的气味一直向前。高明的猎手看准最厉害的猎犬奔跑的方向，穷追猛赶，一声不响，一个劲地跟着猎犬跑。如发现猎犬不时回头看时，就立即把枪抬平，随时准备射击，只要猎物一出现，定要枪响猎物立即倒毙才满意。

猎获后，不论是大猎物还是小猎物，一律两人抬。而且只能换人，不能换肩。如果是大猎物，像大野猪、大黑熊等，在进寨子之前，都要放排枪。凡是扛枪的人，这时都要朝天放几枪。一是对山神厚爱的感谢，二是通知寨上亲人，已经打到大猎物，让他们出来夹道欢迎。

放排枪之后，猎人们就要给猎物戴"花"。即在坳上哨卡的古树脚旁摘取几截嫩枝，盖在猎物的肚皮上，此"花"每次都要从同一株树上摘取，不能在其他树上摘，原瑶麓的几个大坳卡上都有这样一株专供采"猎花"的古树。"猎花"戴上之后，一直要到猎物抬到猎首家才能取下，并连同抬猎物的大抬扛一起置于猎首家的火炕上方，作

恭敬山神

为陈列品永远保存。

　　猎物要在猎首家开膛破肚。猎人每人交一筒米，用大锅煮成稀饭，将猎物的心肝、肚子、肠子洗净后加入锅内，同稀饭一同煮。猎粥煮好后，猎首先舀三碗供于东方。片刻，猎首先食中间一碗猎粥，然后将另外二碗分给此次有功者或年长者。待此三碗猎粥食过之后，众猎人才能自由舀食。

　　在食猎粥和随后在猎首家尝野味时，众人都十分谨慎，不乱说话，特别不能说"吃饱了""不好吃"之类的话。如已吃饱，则要说"吃不够"；如吃到铁砂之类的异物时，要说"香啊"；如吃到苦味的东西，如肝胆之类，要说"甜啊"。众人则知你吃到了铁砂、苦胆，都会心地笑了。

　　猎粥的一部分供众猎人在猎首家舀吃，剩余部分分给猎人各自带回家中给众位亲人品尝，共尝胜利果实。

　　猎物的颈项肉奖励给开枪击中猎物的猎人；头奖励给猎首；肉平均分给参加狩猎的全体人员；猎犬也与猎人一样，同时分得一份。正是"上山撵山羊，人狗都有份"。

　　瑶族狩猎活动，有许多严格的禁忌。

　　忌在"安坛"后，随便移动"坛"碗。

　　忌在"安坛"后，猎获过丰。如接二连三地打到大野物，特别是大小都有时，则一定要撤"坛"。

忌在狩猎中选三挑四，嫌小嫌瘦。

忌在猎归途中将猎物随意丢甩。必须严格遵循古规：不论大小，一律二人共抬，而且不准换肩。

忌在抬猎获物进寨前，不戴"花"就光身进寨。

忌在猎场内搔痒。

忌在猎场内随地吐口水。

忌在猎场内见到蛇入洞。

忌在出猎路上遇见蛇横路。如遇，必须立即返回，改日再去。

忌在出猎路上高声说笑。

忌在出猎时遇上女子，尤其是正在大小便的女子。

忌在"安坛"仪式上有外人闯入，或女子说话。

忌在"安坛"前后，猎首身体不洁净，必须禁房事。

忌跨越抬过猎物的抬扛和"花"等物品，抬杠和"花"必须置放在火炕上方。

忌跨越猎枪。

忌在食猎粥宴上，抢食或划拳打码，大声说话。

忌在食猎粥、猎宴时，说"吃饱了""不好吃"之类的话。

忌用猎枪射乌鸦，射过乌鸦的枪禁参加狩猎。

● 椎牛葬母 ●

民国初年，瑶山瑶族的葬式已从传统的崖葬演化为崖洞外"厝柩"土葬。但其葬礼仍然沿袭着传统的固有仪式，清晰再现瑶族人民对生与死、灵魂与肉体、人世与仙世的一系列观念，别具一格、深沉悲壮。

母舅报丧验尸

瑶山瑶族老人死时，要立即派出本"油锅"家族内的一两名成员飞快向母舅报丧。去的人要带上砍牛刀和雨伞各一把，糯谷穗三把。舅父要以酒肉款待报丧人，然后约上自己"油锅"家族的兄弟15人，带上自己家族的砍牛刀和铜鼓，来到丧家。

入场献祭

丧家"油锅"家族兄弟及孝子，抬上几十斤酒，到寨门恭迎舅父。舅父到来时孝子上前跪于地上，悲痛地哭诉着将详情禀报舅父。舅父喝过敬酒之后，将孝子扶起，来到丧家。

舅父进大门时，众人一齐对着舅父，跪在地上放声大哭。舅父则一一扶起，他们不能自己起来。然后舅父到死者身旁痛哭，哭罢，便掀开盖脸的背牌验尸，作最后告别，然后入棺。

在舅父到来之前，媳妇为丧者洗身换衣，以酒为亡者洗手。再用五尺白布裁成三条，将死者的头、脚、腰部连手捆绑，停于堂屋中，以待舅父验尸。内亲中的姑妈、姨妈、女儿、媳妇每人要送一块背牌，盖于亡者胸部、脸上。亡者不拘男女，一律要盖背牌，反映了古代男女同穿背牌彩裙的古俗。

整个丧礼，由舅父全权负责操办，所有程序，主家、孝子及所有的人都得听命于舅父，就连通神的巫师，如因饮酒过量，造成失误，或不尽职，舅父都有权责骂，甚至责打。

考验女婿

击祖鼓，跳猴舞，取悦亡灵

瑶山瑶族葬礼的意义，一是将死者的灵魂送交给先辈祖宗的灵魂们；二是通过葬礼的热闹场面，以集体的力量，驱散因有瑶人死亡、乘虚而入的异族野鬼。

为此，丧礼必须越热闹越好。为了取悦亡灵，让其安心地与祖灵相会，也让祖灵们高

鸣鼓通神

兴地接纳新亡灵，瑶山瑶胞要击祖鼓、敲铜鼓、跳猴鼓舞。祖鼓是用一根直径80厘米以上的桐木或白蜡木，凿空树心，然后蒙上牛皮而制成。祖鼓一敲，就能惊动祖先的灵魂，通知他们前来看望后人。祖鼓师一面打鼓，一面还模仿猴子的精灵顽皮状。

因为祖先的灵魂聚居在遥远的密林之中，常栖息于树上，通过悬垂到地面的青藤和竹枝为援梯而上下出入。林中猴群遍布，经常嬉戏打架于林中树上，猴子又精明勤快，甚通人性，攀缘最灵巧，因此让猴子通知祖宗亡灵是再恰当不过的了。故而猴子是祖宗灵魂与祭祀的活人之间的友好使者，是沟通双方的桥梁，葬礼中缺少了猴子这一使者是万万不行的。

铜鼓由祖鼓指挥，祖鼓敲，铜鼓响，祖鼓停，铜鼓息。祖鼓一族只有一面，而铜鼓可以有多面。铜鼓配合音桶，声

音洪大，气势磅礴，对于完成葬礼中的通知祖宗灵魂和驱逐野鬼是必不可少的"神器"，每个家族至少拥有一面以上铜鼓。葬礼中的头三遍鼓，以及最后三遍鼓，必须严肃认真，不能出一点差错，否则召不来祖灵和不能集合全部活人灵魂安全返回人间。

击祖鼓通灵

哭牛，椎牛

椎牛，是瑶族葬礼中的大礼。瑶族人死，必须椎牛祭祀。当时不能椎牛的，就行"封棺"停尸于屋檐或屋之一侧，待秋后砍牛再行下葬。家庭困难者，可延期举行，也有三年五年后才行砍牛的，有的甚至抱恨终生，也未能如愿，直到其儿孙补行祭祀程序。

瑶族先民认为，人死后砍牛祭祀，是无上光荣的重大事情。只有因刀伤、蛇伤、虎伤、难产等凶死者，才不砍牛。至于椎牛，瑶族有三种说法：一是认为人死砍牛后，亡灵在仙间就有牛使唤，有肉吃，生活富足；二是瑶族勤劳惯了，如死后无牛，会感到无聊孤独；三是如子孙有牛又不砍牛给老人，是不孝敬老人，会不得好报，以后养牛牛病，喂猪猪瘟，人丁不旺，五谷不丰。

敬献粮草

椎牛的时间，是在出殡的前一天。先用竹篾绞成的绳捆住牛角，成圆圈状，再用一竹篾同样圈成圆圈，套在套牛角的圆圈上，然后再用一竹篾也圈成圆圈，套在砍牛柱上，形成一个多环的竹圈，牛既能绕柱自由转动，又不至跑脱。准备就绪后，巫师面向着牛，挥舞锋利的砍牛刀，喃喃诵咒。接着向牛撒一把黄豆，给牛喂一棵芭茅嫩草，然后用酒祭刀，再把利刀交给负责砍牛的舅父。

这时，祖鼓、铜鼓

颂牛

一齐停息，孝子及家族兄弟姐妹众人，一人拿一把芭茅嫩草，拿一根牛鞭，排着长队，一齐放声大哭，向砍牛场走来。进入砍牛场后，围绕着牛，一边用草喂牛，一边用竹鞭抽打牛，一边哭诉牛的好处，一边转圈。绕牛三圈后，祖鼓重新敲起，众人才又依依不舍地边哭边退出砍牛场。

孝子退场后，砍牛开始，大舅砍牛的左颈，二舅砍牛的右颈，再交刀给本家"油锅"兄弟轮番劈砍，直至把牛砍倒砍死为止。

"跋山涉水"送亡灵

瑶族亡灵要送到祖先聚居的密林深处，以便让其与祖先同在，不致流落为野鬼，贻害舅家家族。丧家在舅父主持下，要敲祖鼓、打铜鼓、跳猴舞。

先由三名持枪青年对天鸣枪三响之后，木鼓师才将祖鼓擂响，顿时铜鼓齐鸣，站在铜鼓后面的一人用音桶将铜鼓之声一拔一送，形成巨大的回响，一时间，天地轰鸣，山林响应。鼓师模仿猴子的跳跃、翻腾、以爪搔头、举手眺望、大步跨越等动作，翩翩起舞。五青年跟在鼓师身后，手提亡者生前穿过的旧衣服，左右摇摆，一屈一蹲，在场的所有亲人，无论男女老少一律汇集到棺柩边，原地踏步，并按着鼓师的鼓点，想象在去祖先灵魂之地的途中模样，做爬山、涉水、上坡、下坡、穿林等动作，原地摇晃，屈屈蹲蹲，节奏与鼓师、铜鼓保持一致。形成一人领舞，千人伴舞的集体舞蹈的壮观场面。

巫师一面呼唤死者列祖列宗的名字，一面以手抓起供桌上的供品在口中咀嚼。喊一个祖宗名字，立即用手抓食一片肉、一撮米，咀嚼后吐出来。

送礼

众人则随着鼓点节奏，弓着腰，再次做出跋山涉水的模样，原地踏步。

前五遍鼓是送去的，后五遍鼓是返回的，十遍祖鼓之后，鼓师召集所有参加祭祀亲属一一点名，检查是否全数到齐，被点到的人则摘去麻丝，表示已安全返回。到此，护送亡灵到祖宗处的任务就算完成，只待"吉日"时刻，将亡者遗体厝柩，葬礼才圆满结束。

"厝柩"即将棺停于屋檐下，用席子盖住，再用稀泥将席子密封，不留空隙，厝柩顶上插上竹枝，使死者灵魂与外界保持连通，亡灵便可攀缘竹枝，自由出入。再将死者生前日用品，抛之于厝柩顶，让死者灵魂随时出来取用。

所谓"吉日"，一般以"龙、马、猪、鸡"等日子为吉利，因为龙能喷水下雨，有水才能有收成，有吃有穿；马能跑路，有马骑者都富贵；鸡和猪生子多，象征人丁兴旺，子孙发达。忌用"猫、狗"日，猫怕冷，狗偷懒，对舅家不利。择"吉日"和打坟地均由舅父择定。

吉日吉时，举行出殡

鼓师擂响祖鼓，所有铜鼓即时唱和，九个后生手提亡者生前旧衣服，披着破斗笠，伴着鼓点作跋山涉水状伴舞。巫师绕棺，先顺时针绕三圈，又反时针绕三圈，对天发箭三支，击破手中竹筒。此时，停止所有鼓点，卸下铜鼓，入家收藏。主家将包有一小点牛肉的糯米饭，分发给众人，众人打开饭团，看到牛肉，都低头默哀，以示追悼。

祭铜鼓

众人动手以竹篾捆扎棺木，枪手对天鸣枪三响，送葬队伍即开始出发。

送葬队伍浩浩荡

荡，全家族男女老少以及毗邻的村寨及亲朋好友都来送葬，男队在前，女宾断后，中间是 16 个青壮年举手抬棺，缓缓前行。巫师手持火把走在前头，助手跟随其后，一手提篮，篮内盛半只熟鸡、三个鸡蛋；另一手提笼，笼内装一只大公鸡。孝子提着死者生前遗物，头戴斗笠，走在第三，随后是身捎猎枪的三个青年，每逢三岔路口或拐弯处，就停下来鸣枪三响。

女婿及堂兄弟提着酒坛走在旁边，每放一次枪，就用小竹筒向抬棺人敬一轮酒，一人一筒，边喝边走，或换一批人抬棺，又敬一轮酒。一路上，坛不断酒，竹筒不空，直至坟地。

送至坟地之后，巫师在地上燃上香纸，又呼唤列祖列宗姓名，每呼一名，蘸酒一滴，敲一下鸡，以示对祖宗的敬意。然后抓起大公鸡一口咬断其喉管，甩在地上。鸡乱蹦乱跳，人们则伸长颈子，围观公鸡，倘若公鸡跳到最后，正好扑于浅坑坟地正中的话，人们便欢喜雀跃，举杯祝吉。

巫师站在浅坑后，孝子跪于前，背向坑，巫师抓一把米撒在孝子身上，孝子双手张开衣襟接米，藏于襟内。此时围观的人们立即齐声高呼"嗬嗬！嗬嗬"，将棺柩移入浅坑内。

孝子及众妇女们一齐低头哭泣，哭声整齐划一，富有节奏。一人领，众人和。男人们则用手搬石挖土堆砌坟墓，每搬一块石头，女婿须敬一竹筒酒。

坟停于缓坡上，头部朝下，足朝坡上，呈长方形。当天堆坟至一半高度，三天后再堆高一倍。坟前立两根螺旋状木柱，木柱削去外皮，刻上若干横格，或在横格间再浅刻成菱角花纹。横格是砍牛的标志，砍一头牛划 11 格，砍牛越多，格数越高。木柱中部用榫卯安装木夹一副，夹内安放带有颅骨的一副完整的双支牛角。木柱顶端雕刻成瓜形多面体，其上站木鸟一只，全柱用石灰浆刷白，很富民族色彩，被称为"图腾柱"。

与祖灵共掬食

送葬回家之后，即在院内摆上"长席"，男客女宾各分一席。一席多达数百人，少则几十人。

"长席"用芭蕉叶或木板平铺于地下，以楠竹笋壳当碗盛糯米饭，以竹筒当酒杯喝酒，用木盆盛菜汤。亲友们盘腿而坐，围在长桌边，相距一尺，脸对脸，用竹筒喝酒，以手掬食，尽情畅饮，一醉方休。

在整个葬礼过程中，无论是丧家，还是前来送礼的亲朋好友，都一视同仁，进食时忌使用铁器、铜器、陶器等器具。饮酒必须用竹筒，还必须是取自新伐的京竹，按着竹节锯成小段，用柴刀削成斜口，用来舀酒，用来敬酒，用来喝酒。竹筒需要量很大，敬酒时，掉下去的竹筒不能再用，用毕即丢弃于地上，另取新筒。

巫师祭祀时，一面呼唤列祖列宗名字，一面用手抓起供品在口中咀嚼。祭祀后的鸡肉、糯米饭分赠给舅父及老年人食时，也不能用碗盛，而必须以细竹枝穿起，献给老人，老人双手掬而食之。

在祭祀的供品中，有白米、鸡肉、猪肉、牛肉，还有鸡血和牛血，但没有蔬菜和果品，连象征性的代用品都没有。血是用木瓢盛接，再浇上酒，使血凝固，然后用竹片划成小坨。在祭祀的祭词中，不是请祖宗来吃肉，而是请祖宗来吃内脏、血酒。因此，丧礼中，不论是生人、活人，还是已亡故的祖灵，包括在生人与死人之间周旋的巫师，都必须与祖灵保持一致，完全再现远古时代的特征。

长席盛宴

● 最后的悬棺部落 ●

据《临海水土志》载："安家之民，悉依深山，架立屋舍于栈阁之上，似楼状……父母死亡，杀犬祭之，作四方函盛尸，饮酒歌舞毕，乃悬置高山岩石之间，不埋土中。"另据《云南志略·诸夷风俗》载："土僚蛮……人死以棺木盛之，置于千仞颠崖之上，以先堕者为吉。"《广西通志·列传》仡条上也记载："仡人来自黔中，棺而不葬，置崖穴间，高者绝地千尺。"明·嘉靖《贵州图经》康佐苗条上记载："康佳苗……喜于深林僻野，结屋以居。男以束发不冠，女则花服衣杂，以五色细珠为饰……有丧则举家以杵击臼，更唱迭和，三五日方置尸岩穴间，藏固深秘，人莫知其处。"明代万历年间的《贵州通志》载："短裙苗者，属烂土司，男女着花衣短裙，绾髻，插木簪，好斗牛。男女十五六跳月为配，至生产方讲婚姻。……死不殡，置之山洞。"

悬棺葬习俗在我国的史料记载中上自春秋战国，下迄近现代，都有出现，其文化传承，可谓深远，其文化积淀，可谓丰厚。

神秘棺楼

············● "井"字棺

葬洞选择

在荔波瑶族分布区，千山万箐，奇峰竞立，原始森林莽莽苍苍，岩溶高度发育，是世界驰名的喀斯特原始森林自然保护区。这里的自然地理条件，为荔波瑶族悬棺葬提供了优越的条件。

荔波瑶族悬棺葬墓地选择原则：

峰峦削立，悬崖绝壁之下。荔波瑶麓瑶族使用的葬洞都在悬崖绝壁之下，绝壁大多在10米以上，群众俗称"白岩"，而且葬洞所在山峰都是周围的最高峰。这正与《太平御览·武夷山志》记述的"石壁峭拔数百仞于烟岚之中"相印证。

古木参天，植被完好。崖葬墓地周围，植被保持十分完好。青峰翠谷、古木参天，原生森林莽莽苍苍，藤葛攀缘巨树之间。而且进入葬洞之路，不准修路填沟，不准砍草劈荆，不准事先插牌定位标路，只能凭老年人记忆，朝大体方位踏荒而行，平时人迹断绝，人们难以知其具体位置所在。正是古籍所记"人迹所不能至""藏固深秘，人莫知其处"。

上有青山，下有流水。所有荔波瑶族崖葬洞都是上有青山悬崖，下有溪河阴洞。铜鼓坳葬洞，距洞口20多米处就是白岩脚河，距后洞口10多米处又是洞梅暗河；洞干葬洞更是要淌过阴河之后才抬上葬洞，山溪水涨时，往往从洞口淌出不少棺枢散板；几远葬洞就直接在几远河边上，相距咫尺；废弃的努当葬洞坡脚就是茂兰甲界河，修筑甲界水库后，便将努当葬洞淹没了；瑶埃板高葬洞，坡脚有茂兰河，茂兰河水暴涨时，常常将茂兰坝子淹没。同时，荔

波瑶族棺枢上还要插
上"鱼"模型，意为
让"鱼"为死者指引
迷津。

葬式

荔波瑶族有三个
支系："青瑶""长
衫瑶""白裤瑶"。
三个支系原来都行悬
棺葬，直到民国初年
之后，荔波瑶族葬式

水道通神

才发生了变化，除瑶麓"青瑶"继续保持悬棺葬旧制外，
瑶埃瑶族的葬式已逐步演变为洞内葬加上乱石封棺；瑶山
瑶族发展为平地浅穴土葬。

瑶麓悬棺葬

瑶麓瑶族仍保留悬棺葬习俗。

凡14岁以上成人正常死亡，均装殓入棺抬入葬洞安放，
不施荫蔽，任其风化。凡非正常死亡的，如落崖摔死、落
河死、难产死等均不准入洞，只能就地土掩；如死于寨内，
需入洞时，也只能搁置洞口，而且要"反棺"，即让棺枢
翻转倒扣，棺盖朝下，棺底朝天，使尸体在棺内成俯卧状。
这是因为其为凶死，害怕凶死者的灵魂对人们造成威胁，"反
棺"后，亡魂就不得翻身，无法危害活人。

葬洞是祖先亡灵圣地，是瑶族重点保护的地方，平时
禁止出入，儿童、妇女、老人都禁止入内，老人甚至忌面
向葬洞方向。禁绝伐木、砍柴、割草，特别是忌失火烧洞。

悬棺葬洞内葬具多以杉木、柏枝为木棺，木棺为六块
长方形的平板拼合而成方形。板不凿眼，不拉槽，棺盖与
底板大小长短相同。为稳固起见，外用两个"井"字形木
架固定。抬棺时，用竹篾条捆扎，将两根抬杠捆在"井"

......................●
"平等"棺

字架旁，捆扎三匝，以防脱落。棺材不能预先加工，必须是现用现做，连抬棺材的抬杠也都是当天上山砍伐来的，因而加工粗糙。棺不上色，不油漆。

瑶麓悬棺葬的葬法是严格按氏族和家族区分的，一般是一个家族同葬一个岩洞，也有几个家族同葬一个岩洞的，但洞内族属界线十分明确，决不混葬。

在置棺方式上，荔波瑶麓瑶族是一人一棺，为仰身直肢葬。棺材一律以入洞先后次序集中堆放，先入者置底层，后入者置上层，无高低贵贱、尊长老幼、男女性别、辈分亲疏之分，棺材上也不署名，不设牌位。充分体现了血缘氏族内人人平等的初民观念。

随葬品极少，多为生产生活用具，棺内有布背包，内装所用衣服、小额纸币。还有竹制四方小饭箩，盛满糯米饭。盖脸用彩绣背牌。棺外置斗笠、牛鞭、草鞋、盛水竹筒，木制的"鱼""鸟""牛角"等模型。

洞壶葬式

洞壶葬式应是荔波瑶族悬棺葬中较为古老的葬式。洞口一般在半山绝壁，洞内一侧有一小股山泉流出洞外。因此洞内靠水一侧较为湿润，其余大部分的地方较为干燥。

瑶埃板高葬式

荔波瑶埃瑶族属"长衫瑶"支系，板高葬洞在瑶寨西北约一公里的山顶上，为一巨大的石灰岩溶洞，洞距山脚80～90米，洞内有四个套洞。

　　板高葬洞前洞的葬式已从传统的崖葬向土葬演化，因此，既不是完全的岩葬，也不完全像土葬。而是在棺木入洞后，棺底铺砌碎石，四周和棺盖用大小不等的石块、碎石堆砌成长方形台体，类似坟堆，各坟堆之间有一定距离，坟堆头部朝向洞外，脚朝向洞内。

　　后洞较前洞稍小，坟堆纵向排成了行，大部分坟堆上插有连枝带叶的"归宗竹"。有的棺木上覆盖有泥土；有的是坟四周堆泥土，顶上盖碎石；有的是全部用泥土覆盖，或外层再撒些碎石等。

　　后洞里面还有两个宽敞的暗洞，洞内棺枢均朽坏，已不见完整的棺制形状。瑶埃板高葬洞后洞的"井"字高架棺应为瑶族崖洞葬的早期形式。

瑶山蝴蝶洞葬式

　　葬洞一般在半山腰，高出寨子 30 米以上，洞口有一大壁白岩，洞高约 20 米，宽约 15 米，深在 100 米左右。

别有洞天

参考书目

1. 黄海. 瑶山研究 [M]. 贵阳：贵州人民出版社，1997.

2. 黄海. 瑶麓婚碑的变迁 [M]. 贵阳：贵州民族出版社，1998.

3. 黄海，邢淑芳. 盘王大歌——瑶族图腾信仰与祭祀经典研究 [M]. 贵阳：贵州人民出版社，2006.

4. 贵州省地方志编纂委员会. 贵州省志·民族志 [M]. 贵阳：贵州民族出版社，2002.

后记

贵州山川秀美，气候宜人，资源丰富，人民勤劳，风情多彩，文化灿烂。18个世居民族，和谐相处，共建家园。《贵州世居民族文化书系》正是建立在人类学、民族学、文化学的研究成果基础上，以叙事方式为主，向世人勾勒贵州世居民族文化版图，展示贵州世居民族悠久的历史文化与和而不同的美丽生存，以全新的视角探寻各民族的文化发展轨迹，解读各民族具有鲜明特色的文化事象，诠释各民族充满神奇魅力的新形象。

《贵州世居民族文化书系》编委会对书系的宗旨、目标、体例和风格等进行项目论证和定位，负责确定写作大纲，并对书系的组织架构、写作要求和作者物色等进行统筹安排。

《长鼓舞盘王·瑶族》由贵州省民族研究院进行审读，就政治倾向性和民族、宗教问题进行认真把关。本书图片得到了贵州省摄影家协会、王先宁、黄海、徐志贵等的大力支持（经多方搜寻，仍有部分图片未能寻到作者，请见书后与出版社联系）。

在此，对所有为书系作出贡献的人士表示衷心的感谢！因编辑水平所限，书中难免有不尽如人意之处，恳请读者批评指正，以便图书再版时予以弥补。

《贵州世居民族文化书系》编委会

2014 年 6 月